JN114058

ナツメ社
教育書ブックス

1人1人の個性を生かした通知表の書き方&文例集 第2版

渡部理枝［編著］

小学校高学年

5・6年生

ナツメ社

はじめに

８年前につくられた本書が長い間、みなさまのお役に立ってきたことを大変嬉しく思います。子どものさまざまな姿をよさととらえ、さらに伸ばそうとする教師の姿勢の大切さは、今も全く変わりありません。

学習指導要領が改訂され、資質・能力の３つの柱が３観点の学習評価として示されました。今回の改訂にあたり、本書を読み返して感じることは、さまざまに変化があろうとも大切なのは、教師の確かな評価観における見取る力です。子どもたち自身が自らの学びを振り返り、次の学びに向かうことができるようにするためには、学習評価のあり方こそが重要だからです。子どもを見取り、それを伝える確かな評価が子どもの適切な自己評価につながります。

子どもの真のよさは、表面に表れるものばかりではありません。そして学校の中のふとした瞬間に見せた子どものよさは、教師にしか見取ることはできません。

本書の中に多数取り上げられていますが、誰にも認められなくても、行事の成功を願って陰でひたむきに活動する姿や、自分のことよりも友だちのことを願い行動する様子が述べられています。その子どもを「輝いている」と表現できるのは、教師に深い子ども理解と洞察力が備わっているからこそです。

さらにこの本の中で大切にしてきたことが「かかわりあいながら、ともに伸びようとする力」です。下学年が喜ぶことをするために試行錯誤する様子や、よい学級にするために努力を惜しまない姿勢など、本書の中で多数取り上げられていますが、これこそが、子どもの評価すべき大切な観点です。学習評価の中に直接表れるものでないとしても、学びの基礎となり、子どもの意欲となり、子どもの学ぶ力に根底で結びついています。

子どもは日々よくなりたいと願い努力を重ねています。子どもの真の姿を見取り、そのよさを子どもに伝えられる教師になられることを心から願っています。

2021年５月　渡部 理枝

1人1人の個性を生かした
通知表の書き方&文例集
小学校高学年 第2版

Contents

第3章 通知表所見文例 …… 31

● 教科別 ●

● タイプ別 ●

Message

一人ひとりの通知表を手に取り、胸が熱くなることがあります。教師が、学級の子どもの活動をしっかりと見取り、結果にとらわれず過程を的確に評価しているからです。

見取り方によってはマイナス面と考えられることも「よさ」ととらえ、こうなってほしいという切実な願いとともに語られているからです。

逆に、心を込めて書いてあるとはわかっても、授業や行事などで行ったことだけが羅列され、どのように評価したのかわからず、教師が伝えたいことがはっきりしないものもあります。

言うまでもなく前者のような所見を書くことが、私たち教員の使命です。たった数行の文章が、子どもや保護者に喜びを与え、将来の目標や希望を見出させることがあるからです。

それでは、どうすれば相手の心に届く所見が書けるようになるのでしょう。

残念ながら、このような文章は一朝一夕に書けるものではありません。そのためには、明確な子ども観と教師としての力量が必要だからです。小手先の作業ではとても書くことはできません。

しかし、人に感動を与える文章を書きたいと切実に願い、子どもの見方やとらえ方を真摯に学び、「書き方を学ぶ」意欲をもてば、必ず前者のような所見に近づきます。

さらに、書き方を学ぶことは、広い視野を身につけることになり、授業力向上にも生活指導力向上にもつながると言っても過言ではありません。

このような書き方を身につけていただくために、本書の中では、具体例を交えながら、わかりやすく所見の書き方を解説しています。

この本を手に取った方々が、適切な評価をもとに子どもたちの心に響く通知表を作成することができ、所見を読みながら「この先生に出会えてよかった」と子どもや保護者に思われるようになれたら、私たちにとっても、これ以上嬉しいことはありません。

2013年3月　渡部 理枝

第1章

通知表所見の基本的な考え方とルール

1 ポジティブなとらえ方が記述の基本

子どもの特徴を長所としてとらえる

子どもを評価するときには、ポジティブ・シンキングが大切になります。なぜなら、欠点ととらえるか、長所ととらえるかは紙一重の違いでしかないからです。例を挙げて説明をしてみましょう。

自己主張が強く、自分がやりたいことをやってしまう子どもがいたとします。

↓

これを、このように表現してみます。

自分のやりたいことに向かっていく積極性は、誰もが認めるNo.1です。また、自分で考えたことを言葉にする表現力にも優れています。

このように書くと、欠点と見えていたことが長所に変わります。

マイペースで、まわりと協調することが苦手な子がいたとします。

↓

自分のやるべきことをしっかりと意識して、まわりに流されず、意志をもって行動することができます。

ポジティブ・シンキングとは、欠点と見えることでもその見方、とらえ方を変えて、その子の「よさ」を引き出してあげることです。

子どもを多面的に見ることが大切

このようにとらえていくと、教員自身もその子のよさに気づくことがあります。注意ばかりしていた子への見方を変えると、よさとして認めることができるようになり、指導の仕方が変わり、学級の中の子どもたちの眼も違ってきて、そして本人が変わることさえあります。

このような見方ができるよう、日頃から自分自身を鍛えておく必要があります。子どもを多面的にとらえ、自分自身の感じ方に固執せず、さまざまな見方をすることです。

例えば、いつも同じ注意をされる子どもがいたときに、他の教員に聞いてみると意外なよさに気づきます。また、「よいところ見つけ」※などの演習を取り入れていくと、また違ったよさに気づくこともあります。

※よいところ見つけ…構成的グループエンカウンターやソーシャルスキルトレーニングなどで用いられる手法のひとつ。一人ひとりの子どものよいところを、それぞれの子どもが見つけ、伝えていくという演習です。

2 評価の内容について

評価した点が伝わる所見にする

所見を書くときには、つい「子どもの行動」や「行ったこと」を述べたくなります。学校であったことを説明しないと、読み手に伝わらないと考えてしまうからです。しかし、事実のみを羅列していくと、何を伝えたいのかわからなくなってしまいます。

例えば、次ページのような文章があります。これに評価を加えると、このようになります。

朝一番、大きな「おはようございます」の声とともに教室にやってきます。ひらがなの学習では、一字ずつ丁寧に練習し、イラストを使って楽しい短文をつくりました。みんなでうたう曲に振りつけをしたり、『おおきなかぶ』の演技で監督をやったりしました。

↓

朝一番、大きな「おはようございます」の声とともに元気に教室にやってきます。新しいことに目を輝かせて取り組む意欲が何より素晴らしいです。ひらがなの学習では、一字ずつ丁寧に練習する一方で、イラストを使って楽しい短文をつくるなど、楽しく学ぶ工夫が自然にできます。みんなでうたう曲に振りつけをしたり、『おおきなかぶ』の演技で監督をやったりと活動するアイデアにあふれています。ノート配りの仕事のほかにも、自分にできることはないか注意を払い、みんなのために動くことを惜しまない頼もしさがあります。

　　　　　　が評価を加えた部分です。このように述べると、子どもの様子がいきいきし、教員が何を評価したのかがわかる所見になります。

効果的な「保護者が知らない一面」「意外な一面」

事実を述べるにしても、「保護者が知らない一面」を取り上げて知らせるという書き方もおすすめです。次のような内容は、より効果的な所見になります。

遠足で駅に向かう道では、たくさんの町の人たちに、大きな声であいさつをしながら行きました。自分にもあいさつで町を明るくすることができる力があることに気づいたようでした。

テラスで育てている野菜を愛情いっぱいに世話し、大きく生長していく様子を見守りました。また、テラスがきれいに保たれるように進んで掃除をし、「みんなのために」という意識が定着しています。

体育係となり、体育の時間には大きな声で整列や準備運動の号令をかけ、元気いっぱいに活動することができました。寒い日に教室に残っている友だちがいると、「外に出て走ると、温かくなるよ」と声をかけて、みんなが元気に遊べるように呼びかけました。

保護者が初めて知るわが子の一面は、保護者には大きな喜びとなり、インパクトのある所見になります。教師はそのような機会を見逃さず、普段から子どもの行動をしっかりと見取っていくことがポイントです。

3観点の学習評価

2017（平成29）年の小学校学習指導要領の改訂により学びの転換期を迎え、新しい評価観で子どもを見取ることが必要となりました。

学習指導要領に示されている「資質・能力の3つの柱」との関連性をもたせ「3観点の学習評価」が次のように整理されています。新しい考え方による評価について、注意すべき点を考えてみましょう。

資質・能力の3つの柱		3観点の学習評価
①知識及び技能 （何を理解しているか、何ができるか）	→	観点1 知識・理解
②思考力・判断力・表現力 （理解したこと・できることをどう使うか）	→	観点2 思考・判断・表現
③学びに向かう力・人間性の涵養 （どのように社会・世界とかかわり、よりよい人生を送るか）	→	観点3 主体的に学習に取り組む態度

3観点の学習評価

観点	注意ポイント
観点1 **知識・理解** **「知っている」「できる」だけでなく、「わかる」「表現できる」「説明できる」への転換。**	知識・理解においては、今までの「知っている」「できる」レベルから「概念の理解」までが求められています。そのためにペーパーテストで理解の様子を知るとともに、概念の意味が理解できているかをはかることが必要になります。 ●概念の意味がわかり、説明ができる。 ●式やグラフで表せる。 ●芸術系では、理解したことが表現したり観賞したりする喜びにつながっている。

低学年の所見例	中学年の所見例	高学年の所見例
「たし算」では、「あわせて」「ぜんぶで」の言葉に着目し、根拠をもって式と答えを出しました。課題に向かう際は、「なぜ」「だって～だから」と自分なりに筋道を立てて友だちに意見を伝えることができました。	2学期の学習のめあてを「漢字の習得」とし、いつも意識して漢字練習を続けていました。目標に向かい努力しているので、漢字テストだけでなくノートや作文でも、正確な漢字を活用する力がついています。	活躍した歴史的人物や当時の歴史的背景などにも目を向け、社会的な事象を多面的にとらえることができました。習得した知識を十分に生かして、歴史新聞にまとめるなど、既習事項を確実に自分の力にしています。

観点	注意ポイント
観点2 **思考・判断・表現** **理解した概念を「わかる」だけでなく、「使える」かどうか。**	思考・判断・表現では、身につけた知識・技能を活用して、課題を解決するために必要な思考力、判断力、表現力を身につけているかを評価します。 ●結果を予測しながら生活と結びつけて考え、解決に向けて努力をすることができる。 ●自分の考えを伝え、友だちの考えを理解し、グループの考えをつくることができる。

低学年の所見例	中学年の所見例	高学年の所見例
さまざまな植物の実が青から赤に変化することを根拠に、ミニトマトも青から赤へ変化していくと予想しながら、毎日の観察を楽しんでいました。いくつかの知識を組み合わせ、見通しをもって総合的に考える力が身についてきました。	「面積」の学習では、図形の面積を率先して求めることができました。そして、生活場面でよく見かける広さの特徴を見つけてまわりの友だちに言葉で伝えるなど、表現力の豊かさも光ります。	理科の「てこのはたらき」では、支点、力点、作用点の関係を理解し、さらに独自にゲームを開発しました。 遊びを通して理解を深めるなど、発想の豊かさを感じます。

「小学校、中学校、高等学校及び特別支援学校等における児童生徒の学習評価及び指導要録の改善等について（通知）」（2019年3月）

観点	注意ポイント
観点 3 **主体的に学習に取り組む態度** **解決に向けて、粘り強く活動をしているか、自己の感情や行動を統制する力、自己を客観的にとらえる力（メタ認知）があるか。**	主体的に学習に取り組む態度は、挙手の回数やノートの取り方で評価するのではありません。子どもが学習のめあてをもち、進め方を見直したり、自己調整を行いながら知識・技能を獲得したりして、思考・判断・表現しようとしているかを評価します。 ●自分で学習めあてを設定し、解決に向けて工夫をしながら根気よく取り組む。 ●試行錯誤しながら、自己調整して最後まで取り組むことができる。 ●自分についた力を振り返ることができる。

低学年の所見例	中学年の所見例	高学年の所見例
『おおきなかぶ』のグループ発表では、おじいさん役として声色を変える練習をしたり、小道具や動作の工夫をしたり、劇がどうしたら楽しくなるか考えることができました。困っている友だちには動きのアドバイスをして、グループ全体でよい劇に仕上げることができました。	「ゴムのはたらき」の学習では、ゴムの長さや帆の大きさによって車の速さが変わることを学び、まっすぐに長距離を走るオリジナルのおもちゃの車を作りました。帆の大きさを変えたり、ゴムの力を変えたりと、何度も試行錯誤しながら工夫して取り組むことができました。	「ふりこ」の実験では、ふりこの重さや振れ幅を変えてもふりこが一往復する時間が変わらないことを不思議に思い、自主的に何度も条件を変えて実験しました。くり返し教師に質問し、納得できるまで問題に取り組む姿勢に、理科への深い関心が見えます。

この３観点を理解すれば、学習部分の所見の書き方が変わってくるはずです。この本の中では、３観点の学習評価を下のアイコンで示しています。

●３観点と外国語活動・外国語（４技能５領域）の評価の観点

3観点の学習評価 ＼ 外国語活動・外国語の評価の観点	観点 1 知識・理解	観点 2 思考・判断・表現	観点 3 主体的に学習に取り組む態度
聞くこと	観点 1・聞く	観点 2・聞く	観点 3・聞く
読むこと	観点 1・読む	観点 2・読む	観点 3・読む
話すこと（やりとり）	観点 1・話す	観点 2・話す	観点 3・話す
話すこと（発表）	観点 1・発表	観点 2・発表	観点 3・発表
書くこと	観点 1・書く	観点 2・書く	観点 3・書く

ここでは学習のことのみ述べましたが、友だちとのかかわり方やリーダーシップ、行事への取り組み方などの評価も加え、その子の全体の様子や人となりがわかり、子どもにも保護者にも励みになる評価とすることが重要です。

3 記録の仕方を学ぼう

具体的な表記のためには記録が必要

読み手の心に残る所見を書くためにまず必要なものは、「子どもの記録」です。毎日さまざまなことが起こり、対応に追われて、あっという間に時間が過ぎてしまいます。所見を書くにあたり、いざ思い出そうとしても、うまく思い出せないことがしばしばです。

そこで重要になるのが、「子どもの記録」です。記録の仕方にはノート方式、名簿方式、カード方式などいろいろな方法があります。第２章では具体的な手法を紹介していますので、自分に合った方法を見つけ、自分なりに工夫していきましょう。

4 小さなルール、しかしとても大切なルール

きちんと意識していないと、つい書いてしまいがちな表現があります。以下に注意すべき表現について、まとめました。教員が言語感覚を磨き、言葉に敏感になることが大切です。

観点	記述例	理由
専門用語の羅列	①「課題解決学習」では、友だちの意見をよく聞き…… ②友だちを「受容的」な態度で受け入れ…… ③「社会的事象」についての理解が進み…… ④○○という「評価の観点」から言えば……	私たちは気づかずに一般的でない専門用語を使っていることがある。教員にだけ通用する言葉を使わないようにしたい。 ＊「技術の習得」「論理的思考力」「領域」「主要教科」など

観点	記述例	理由
他の子どもと比較する表現	①お兄さんは慎重に物事を進めましたが、○○さんは…… ②お隣の○○さんのノートの書き方を見せてもらいながら、学習を進めているのですが……	どんなときでも子どもを比較して評価をしてはいけない。気をつけたいのは、ほめ言葉で比較して使用しているからと安心しているときである。
偏見や差別につながる表現	①体重が重くて鉄棒運動は苦手ですが…… ②母国語が日本語でないため…… ③離婚後から落ち着きがなくなり……	気づかずに偏見や差別につながる言葉を使っていることがある。教員こそが、差別意識に敏感でありたい。 片手落ち、外人……などの差別的用語にも注意したい。
責任転嫁の表現	①計算力がなかなか身につきません。ご家庭での練習をお願いします。 ②身のまわりの整理整頓ができません。家庭でのしつけをお願いします。	身につかないことを家庭に求め、指導を家庭で行ってほしくなることがある。家庭とはともに同じ視点で、同じ方向を向いていることが大切である。家庭任せと思わせる表現には気をつけたい。
個人の評価のような表現	①私の教育信念では○○を大切にしていますが…… ②私の考えでは○○を進めていますが、それになかなか従えず……	教育は個人で行うものではない。学習指導要領に基づき、それを学校の経営方針の中で具現化しているのである。誤解されないような表現をしたい。
断定的な表現	①発達障害かと疑われますが…… ②自閉的な傾向が見られ…… ③軽度な遅れが見られるようですが…… ④ADHDのような行動が見られるため……	診断は医者が行うものである。行動を決めつけたような言い方には十分に気をつけたい。

5 友だちとのかかわり方に注目しよう

「コミュニケーションの力」も評価する

学校教育のよさの一つに「集団で活動する」ことが挙げられます。これから大人へと成長していく過程でも「コミュニケーションの力」が重要になります。友だちとのかかわり方について、保護者の方たちに大切なことだと認識していただくためにも、よさが見られたときにはぜひ取り上げたいものです。

ダンスでは悩んだ時期もありましたが、仲間からのアドバイスを受けて見事に踊りきりました。「みんながいたからできた」という言葉に表れているように、仲間の存在の大きさに気づくことができました。

誰に対しても分け隔てなく関係を築ける素晴らしい才能があります。「みんなで楽しくやりたい」という思いが、友だちへの好意的な働きかけに表れています。

6 特別な支援で力を発揮できる子には……

「特別視しない」ことが大切

特別な支援によって力を発揮できる子への所見を書くうえで大切なのは「特別視しない」ということです。できなかったことがサポートによってできるようになるのは担任として大きな喜びですが、それをそのまま書き表すと、「そんなこともできなかったのか」と思われがちです。

「できないことができた」と特別視せず、他の子を見るのと同じ視点で、その子のよさを評価しましょう。

× 1対1対応がなかなかできずに困っていました。しかし、タイルを並べて具体物を操作することで理解できるようになってきました。

↓

○ 1対1対応が具体物操作でできるようになってから、考えに広がりが見られます。大きな数の計算にも意欲をもつようになってきました。

また、ここでも子どもの欠点を指摘したり、非難がましい書き方をするのは禁物です。その子のよさを認めて、ほめ、励ましてあげるのは、どの子に対しても同じです。

× 授業中に何度もハイハイと元気よく手を挙げて指名を求めます。全員で学習をしているということを教えてきました。

↓

○ どんなときにも臆せず手を挙げる姿に感心しています。進んで意見を述べるので、クラス全体の話し合いが活発になります。

その子の中での成長を評価する

ここでも大切なことは、子どもを「比べて評価しない」ということです。大勢の子どもと接していると、いつの間にか他の子どもと比べて評価をしている自分に気づくことがあります。

子どもへの評価は、それぞれの子ども個人の中で成長したことを評価していくのです。教員はけっしてそれを忘れてはいけません。所見の書き方からも、その考え方を学んでいきましょう。

●この本の構成

文例を通してポジティブな見方を養おう

この本では、子どもたちの評価のカテゴリーを**「学習」**(各教科および自由研究、宿題など)・**「生活」**(生活態度、あいさつ、休み時間など)・**「行事」**(運動会、学芸会、クラス替えなど)・**「特別活動」**(学級活動、係活動、話し合い活動など)の４つに分けています。

言葉の扱いを巧みに、表現を豊かにすることも必要かもしれませんが、大切なのは子どもの「よさ」を積極的に見出して評価することです。本書を通して、ぜひ子どもたちに対するポジティブな見方を養ってください。

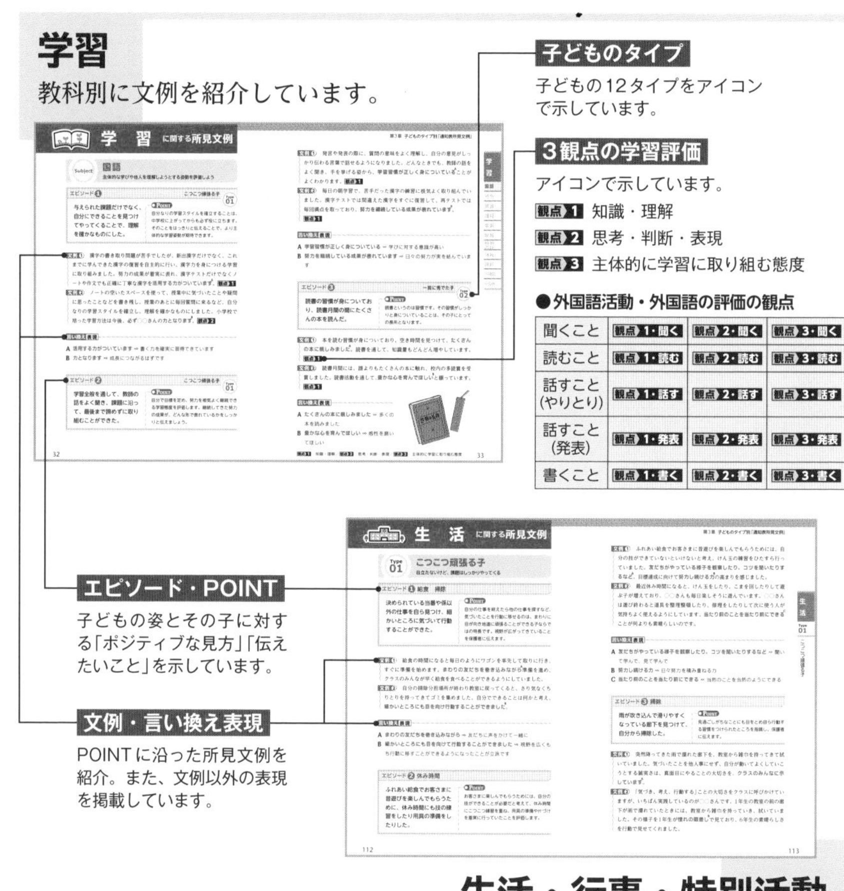

聞くこと	観点1・聞く	観点2・聞く	観点3・聞く
読むこと	観点1・読む	観点2・読む	観点3・読む
話すこと(やりとり)	観点1・話す	観点2・話す	観点3・話す
話すこと(発表)	観点1・発表	観点2・発表	観点3・発表
書くこと	観点1・書く	観点2・書く	観点3・書く

※「行事」は所見に書く内容が豊富なため、特別活動から抜き出しています。

第2章

所見作成に向けた情報収集・ストックのコツ

1 記録の取り方

通知表所見を作成するためには日々、子どもたちの活動を注視して、子どもたちそれぞれの情報を集め、記録しておくことが大切です。ここでは所見を書くための記録の取り方と、その効率的な方法を紹介します。

■ ノートに記録する

所見作成のための記録の取り方として、最も一般的なのは大学ノートなどを利用する方法です。子ども一人につき１ページから２ページを割り当て、日にちとそのときの状況を記録していきます。授業中や他の先生の授業を見ている間などに評価すべき点を発見したら、すぐ書き込めるように、いつも手元に置いておきましょう。

保護者面談のときの「こういう子になってほしい」という保護者の思いなども、ここに書いておくと、所見に生かすことができます。

時々見返してみて、記録の少ない子どもは特に注意を払って見るようにすると、所見を書く際に困らずにすみます。実際に所見を作成するときには、作文や日記など、他の資料を出席番号順に並べて、このノートを基点に情報をまとめていきます。「遠足で友だちの荷物を持ってあげた」「自分で調べた知識を発表していた」など、ノートに書かれたメモがきっかけとなって、作文などの内容とつながり、所見の内容に広がりが生まれます。

メリット	● 準備が簡単で、すぐ始められる。 ● 具体的な内容を書くことができる。 ● ひと目で子どもの記録がわかる。
デメリット	● ノートがかさばる。

■ 付せんにメモする

授業中にノートを広げてメモを取っていると、何を書いているのか子どもたちは気になってしまいます。そのような場合は、机の引き出しやポケットに付せんを用意しておき、子どもがよいことを言ったりしたときにメモを取ると目立ちません。

手札型のカードを使う教員もいますが、メモしたあと、手近なところに貼っておけるので、付せんのほうが使いやすいようです。誰のことなのか混乱しないように、付せんに子どもの名前も書くことも忘れないようにします。

メモした付せんは子どもの名前ごとに分類してノートに貼っておくのでもかまいませんが、定期的にメモの内容をノートに写して整理しておくやり方もあります。

メリット	●持ち運びに便利。 ●いつでも、どこでも手軽に書くことができる。
デメリット	●付せん自体が小さく、なくしやすい。

■ 座席表や出席簿を利用する

手軽に記録を始めるには、座席表や出席簿を何枚もプリントアウトして、授業中にメモをしていく方法もあります。ただし、書き込めるスペースが小さいので、日にち別、教科別というように、数枚の表が必要になります。記号などを使って、短い言葉でメモをするとよいでしょう。

既存の座席表や出席簿を利用するときは、保管する場所を決めて定期的に整理しておくことが大切です。所見を書く段階になって、せっかくの記録が見つからないなどということが起こらないように、このやり方の場合も、ノートなどにまとめて整理しておく必要があります。

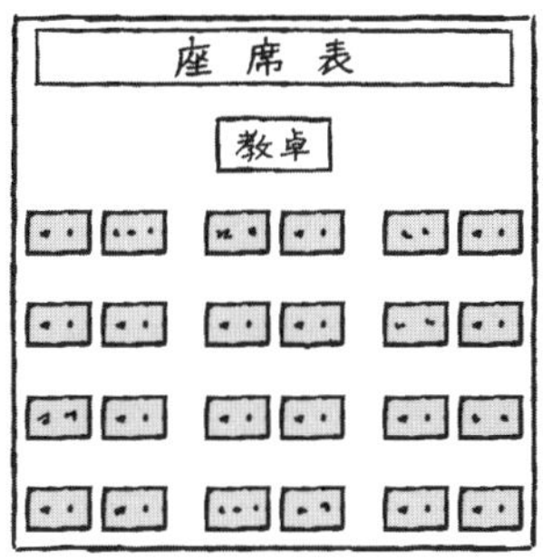

メリット	●手軽に始められる。 ●どの子の記録か照合しやすい。
デメリット	●書き込むスペースが狭い。 ●枚数が多くなるので、しっかりとした管理が必要。

■ 市販の児童記録簿を使う

各教材メーカーが、日々の出席や教科別の記録をつけるための児童記録簿をつくっています。人によって使い勝手の良し悪しが分かれますが、さまざまな機能が盛り込まれているので、初めて記録を取る場合などは、こうしたものを使ってみるのもいいかもしれません。

このような既存のツールを使っていくうちに、自分にとって便利なやり方が見つかり、独自の方法を工夫していくことができます。

メリット	● さまざまな機能が盛り込まれている。
デメリット	● 人によって使う機能と使わない機能が分かれる。

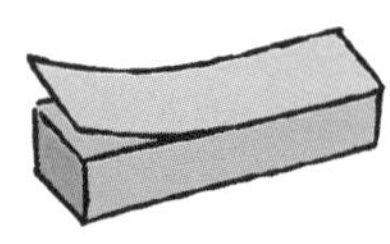

■ 子どもたちの日記を活用する

その日あったこと、思ったことなどを、日記や1行日記として子どもたちに書かせ、それを記録として活用します。所見に具体的なエピソードを生かすためにも、有効な記録方法です（日記ではなく、週に1回提出するようなものでもいいでしょう。この方法は「情報の集め方」にも分類できるので、詳しくは28ページ以降で紹介しています）。

低学年の場合、毎日書くのは難しいので、子どもたちの文章やノートから教員が見取ってメモを取っておく必要があります。その日あったよいことや、注意が必要なことを色分けして書いておくと、あとで見返しやすく、子どもたちとの接し方にも生かすことができます。

メリット	● 具体的な内容を知ることができる。 ● 子どもたちの内面を知ることができる。
デメリット	● 子どもと教員双方の時間を取る。 ● きちんと日記を書くためには練習が必要。

2 デジタル機器の活用

近年はさまざまなデジタル機器が登場し、教育の現場でも活用されています。デジタル機器は効率的に記録を取ることができますが、個人情報などデータの管理には細心の注意が必要です。

写真にするとこんなに便利

メモを取っている時間がない場合や記録すべき内容が多い場合、思わぬところで見つけた評価すべき事柄をとっさに記録する場合などには、デジタルカメラが便利です。「起動が早い」「手軽にすぐ撮影ができる」「記録したデータはパソコンで管理できる」などたくさんのメリットがあります。

■ 授業の終わりに黒板を撮影する

板書が1時間の記録となるよう授業を進めます。板書に授業中の子どもたちの発言をできるだけ名前つきで記しておくと、写真がそのまま1時間の授業記録になります。最後に1枚の写真に収めることができる板書に工夫することは、子どもたちにとっても簡潔でわかりやすい授業になります。

また、子どものよい発言を黒板に書くことで、クラスのみんなにもその子の活躍が印象に残り、学級経営にも好影響を与えます。ただし子どもの名前が入っている写真は個人情報ですので、取り扱いには注意しましょう。

ポイント デジタルデータは、学期末に紙の資料を探し集める必要がないのがよい点です。写真は日付や教科別などに分類・整理しておくと、あとで見返す際に自分の記憶と結びつけやすくなります。

■ 子どものノートを撮影する

子どものノートや作文も、特に印象的なものを撮影しておけば、所見を書く際に忘れて取りこぼしてしまうのを防ぐことができます。ノートの隅に書かれた子どもの感想など、メモを取るだけでは見落としてしまいがちな部分も、写真に撮ることで記録しておくことができます。

集めたデータは、子どもの名前や教科別に分類・整理しておくと活用しやすくなります。

ポイント 枚数の多いワークシートなどを集めたときは、返却前にスキャナーを使ってまとめて画像のデータにしておくと、手軽に、かさばらずに記録を残しておくことができます。その際、名前順に並べておくと探しやすくなります。

■ 子どもの作品を撮影する

図工や新聞づくりなどの作品は、その場で評価を書きとめておかない限り、保管にも手間がかかり記録しておきにくいものです。そこで、完成した作品を子どもに持たせ、作品と作者をいっしょに写真に収めておくと、所見を書く際に思い出しやすく、とても便利です。おもしろい作品があったのに、誰の作品だったか思い出せないなどという事態を防ぐことができます。

また学期末に、プリントアウトした写真を子どもたちそれぞれに作品集として渡すと、子どもたちにとってもよい思い出になるでしょう。

ポイント みんなの前で作品などを発表する際、書画カメラ(実物投影機)を使用している場合、画像として記録する機能があれば、特によいものを写真としてパソコンに保存することができます。

■ 普段の様子を撮影する

ノートや作文だけでなく、休み時間や掃除の時間、係活動など、メモを取りにくい状況で子どものよいところを見つけたときも、写真に撮って記録しておくとよいでしょう。授業の中だけでは見つけにくい評価すべき点を見つけ出し、保存することができます。

ポイント 外部の人にとって、個人が特定できないように撮影をすると、評価用としてだけでなく、学級だよりやホームページなどにも活用することができます。保護者にとっては、学校内のことはなかなか見る機会がないので、普段の様子を伝えるのに役立ちます。

動画や音声、手書きのメモをデータで保存

■ ビデオカメラやボイスレコーダーで授業を記録

デジタルカメラ以外にも活用できるデジタル機器はたくさんあります。例えば、ビデオカメラを使うと、一人で簡単に授業記録をつくることができます。子どもたちの発言を記録するだけならボイスレコーダーも有効です。

最近は、自身の授業研究のために、動画を撮影している教員も少なくありません。毎回の授業を記録するのは大変ですが、大きな発表会や研究授業などの際には、授業記録を撮っておくことで、そのときには印象に残らなかった部分でも新たな発見があるかもしれません。

ポイント 所見作成以外でも、授業記録をつくっておくことで、自分の授業を客観的に見直すことができます。自分の発問や子どもの反応、子どもの目線から自分の授業がどのように見えているのか、定期的に確認しておくのもよいでしょう。

■ デジタルメモを活用する

デジタルメモはちょっとしたことのメモを取るのに便利です。授業中の発表や学級会での意見などは、発言者の名前をつけてデジタルメモで打ち込んでおくと、所見作成時に子どもの名前で検索すれば、発言の内容をすぐに確かめることができます。

書いてすぐ消せるものや、手書きの図形などもデータとして保存が可能なもの、キーボードで入力するものなどがあります。タブレットパソコンよりも安く手に入るのも魅力の一つです。これらの機器はさまざまな場面で力を発揮できるでしょう。

ポイント 学級会など、子ども同士の発言で議事が進んでいく状況では、一つの発言を抜き出すのではなく、簡単な議事録の形で記録を取っておくと、所見作成の際に「どんな流れで出てきた発言なのか」などがわかりやすくなります。

タブレットを上手に使いこなそう

今後、子ども1人に1台タブレットが配布されていきます。タブレットでは、先に述べた「写真」や「動画」「音声」「デジタルメモ」すべてを1台で担うことができます。さらに、表計算ソフトを使ってシートごとに子どもの記録を残したり、子どもの伸びしろをグラフで確認したりすることでもできます。タブレットを使いこなせば、子どもの様子を記録する幅がとても広がります。

■ ペアやグループで活動しているときに動画で撮影

小グループでの活動の際、全グループの活動状況を把握するのはなかなか難しいものです。そこで、主な活動をしているときにペアやグループでの様子をタブレットで録画をします。そうすることで、あとで落ちついて見返すことができます。特に活発な話し合いになったグループの活動は例として全体に紹介すると、子どもたちの学習意欲の向上にもつながります。

動画は撮影したあとに、学級のフォルダに子どもが自分たちで保存できるように事前指導をしておくと、便利です。

■ タブレットを活用した学習の記録

文章作成ソフトを使っての作文やプレゼンテーションソフトを使った発表などは学習の幅を広げるだけでなく、所見作成時の資料にもなります。

子どもが作成したデータを個人のフォルダに保存させておくことで、閲覧の際にまとめて確認することができます。ファイル名も変換できるように指導しておくと、より効果的です。

デジタル機器を使用するときの注意！

デジタルデータは手軽に資料を保存できる代わりに、いくつか注意しなければならないことがあります。デジタルデータや機器の扱いについては、学校や地区などによって違うため、事前にしっかり確認しておくことと、普段からの注意が必要です。

扱うデータは個人情報であることを意識する

個人の顔が特定できる、名前が載っているなどの写真や動画は個人情報となります。そのため、セキュリティのしっかりしたパソコンでのデータ管理が大切なのは言うまでもありません。

使用するデジタル機器は個人のものを使用しない

使用のしやすさから、自身のデジタル機器を使いたくなりますが、自治体によっては個人のスマートフォンなどは使用不可なことがあります。個人の記録媒体を使用していると、情報流出につながることも。このようなトラブルを未然に防ぐため、学校のデジタル機器を使用しましょう。

また、子どもの様子を撮影する際には、その子どもの心境などにも配慮が必要です。隠し撮りなどの誤解を与えないように気をつけましょう。

記録媒体は使用したら所定の保管場所へ

子どもの様子を撮影したデジタル機器を自分の机の上などに置いておいて紛失する、子どもが勝手に見てしまうなどのケースが考えられます。危機意識を高め、使用後は鍵がついている引き出しや専用の保管庫などに戻すようにしましょう。

こまめにデータの整理・確認をする

デジタルデータはその手軽さゆえに、気づくと膨大なデータ量になってしまうことがあります。多すぎるデータは所見作成時に確認する際、資料を探すのに時間がかかってしまうので、必要のないデータはこまめに削除するなど、データの整理が適宜必要です。

バックアップをしっかりとる

デジタルデータは普段から管理をしっかりしていても、ちょっとした操作のミスで、ボタン一つですべてのデータが消えてしまうことがあります。必要なデータは別の場所にバックアップを取っておくことをお勧めします。

使用後は次のために充電する

いざ「デジタル機器を使って記録を撮ろう」と思ったときも、肝心のバッテリーが切れていては宝のもち腐れです。電源の確保や普段から充電をしておくようにしましょう。

3 情報の集め方

新学習指導要領では「振り返り」が重要視されています。目標に対して、自分の活動がどうだったのかを、子ども自身が評価し、次の目標につなげることが大切だからです。ここでは、その自己評価の方法を紹介します。

■ 自分ノート

クラスメイトに見せない、教師と子どもだけでやりとりをする「自分ノート」をつくります。最近の出来事や、それについて子ども自身がどう感じ、どう思ったかを書かせるようにすると、それぞれの心の中を知ることができます。もちろん、教師と子どもの人間関係づくりが重要ですし、子どもが自分の気持ちを素直に書き表せるようコメントの工夫も必要です。

この方法は、子ども一人ひとりに向き合うことができるので、所見を書く場合ばかりでなく、授業の改善や生活指導に生かすことができ、児童理解の一つとして大いに役立ちます。

自分ノートに出来事に対する自分の考えを書かせるためには、ある程度の練習が必要となります。自分の気持ちを、低学年のうちから少しずつ書く練習をさせておくとよいでしょう。

■ 振り返りカード

「自分ノート」のような分量の自由な文章を、定期的に提出するのが難しい低学年や中学年では、その日の出来事を短い文章で振り返る「振り返りカード」が有効です。表裏で１週間分の出来事が記録できるようなカード（B5判もしくはA4判の用紙）を用意し、週に一度回収してコメントをつけて返します。そこで気づいたことがあれば、メモや記録を残しておきましょう。

ポイント

振り返りカードは、その日あった出来事の記録にとどまりがちなので、「先生が知らないこと」「出来事に対するそのときの自分の気持ち」などについて書かせるようにしましょう。子どもの思いを受け止め、次の目標とつながるコメントを返すことが大切です。

■ 学習感想

授業終わりに学習感想をノートやワークシートに書かせることで、次のように評価と所見を結びつける根拠となる情報として活用することができます。

- 学習したことに対してどう理解したのか（知識・技能）
- 子どもがどういう考えをもって取り組もうとしていたのか（思考・判断・表現）
- 得た結果を基に次の課題をどう設定したか（主体的に学びに向かう力）　など

ポイント　低学年のうちはまだ十分な作文力が身についていないので、所見用の記録には、教員が注意して観察したメモが必要です。また、低学年はいきなり文章ではなく、「◎よくできた」「○できた」「△もうすこし」などの簡単な学習の振り返りから取り組ませるのも効果的です。

■ 他の先生から情報を得る

音楽や図工、家庭に英語、算数などの教科の場合は、担任以外にも専科の先生や少人数指導の先生が子どもたちの指導に携わっています。そのため、子どもたちの評価もその先生方から受け取ることになります。専科の先生からの所見が文書で提出される学校もありますが、専科の先生から直接話を聞いてみるのも担任に見せるのとはまた違った子どもたちの姿を知ることになります。また、学級ではよさがなかなか発揮できていない子どもについて事前に相談しておくと、専科科目内での活動に注目し、活躍できる光るよさを見つけ、アドバイスしてくれることもあります。

ポイント　自校の児童はすべて「自分が担任する子どもたち」という意識をもちたいものです。事務的なやりとりをするだけでなく、普段から教員同士でコミュニケーションを密にしておくと、さまざまな場面でスムーズに連携をとることができます。

■ クラス全員が全員のよいところを探す

学期末には、クラス全員で「全員のよいところ探し」をしてみるのもよいでしょう。傷つく子どもがいないように、十分注意して行います。１回につきクラスメイト数人のよいところを書くという課題を数回に分けて行い、クラス全員のよいところを一人ひとりに書かせます。つまり、クラスの全員がそれぞれ、（自分を除いた）全員のよいところを見つけることになります。

「つらかったとき、○○さんがこんな言葉をかけてくれた」「ハイキングのときに重い荷物を持ってくれた」など、教員の知らない子どもたちの姿や、具体的なエピソードを引き出すきっかけになります。

全員のよいところを書かせるのがポイントです。普段気づかない友だちのよいところを子ども自身が見つけて、お互いを認め合う機会にもなります。ただし、くれぐれも傷つく子どもがいないよう、十分に気をつけましょう。

「子どものよいところを見つける」こと それが教師の最大の務め

記録を取るのも、情報を集めるのも、その目的は「子どものよいところを見つける」ことです。教師が子どものよいところを見つけて適切に評価するのは、子どもの自己肯定感や向上心、意欲などを高め、自身の長所をさらに伸ばすために大切なことです。

子どものよいところを見つけ、引き出すことは、その子自身のためであることはもちろん、それを日々の授業や学校生活の中でクラス全体に伝えることで、子どもたちがお互いを認め合うきっかけになります。よいクラスでは、クラスのみんながお互いのよいところを知っているものです。クラスの人間関係を通して、子どもたちを成長させる面からも、「子どものよいところを見つける」ことは教師にとって最も重要な務めです。所見作成に向けた、子どもを観察する、記録を取る、情報を集めるなどの活動は、そのような教師としてのいちばん重要な姿勢を鍛えるよい機会となるでしょう。

第3章

通知表所見文例

学習　生活　行事　特別活動

「3観点の学習評価」に該当する例文は、次のアイコンで示しています（詳細は11～13ページを参照）。

観点1　知識・理解
観点2　思考・判断・表現
観点3　主体的に学習に取り組む態度

学習に関する所見文例

Subject 国語

主体的な学びや他人を理解しようとする姿勢を評価しよう

エピソード❶　こつこつ頑張る子　Type 01

与えられた課題だけでなく、自分にできることを見つけてやってくることで、理解を確かなものにした。

POINT
自分なりの学習スタイルを確立することは、中学校に上がってからも必ず役に立ちます。そのことをはっきりと伝えることで、より主体的な学習姿勢が期待できます。

文例①　漢字の書き取り問題が苦手でしたが、新出漢字だけでなく、これまでに学んできた漢字の復習を自主的に行い、漢字力を身につける学習に取り組みました。努力の成果が着実に表れ、漢字テストだけでなくノートや作文でも正確に丁寧な漢字を**活用する力がついています**[A]。**観点1**

文例②　ノートの空いたスペースを使って、授業中に気づいたことや疑問に思ったことなどを書き残し、授業のあとに毎回質問に来るなど、自分なりの学習スタイルを確立し、理解を確かなものにしました。小学校で培った学習方法は今後、必ず○○さんの**力となります**[B]。**観点2**

言い換え表現

A 活用する力がついています ➡ 書く力を確実に習得できています

B 力となります ➡ 成長につながるはずです

エピソード❷　こつこつ頑張る子　Type 01

学習全般を通して、教師の話をよく聞き、課題に沿って、最後まで諦めずに取り組むことができた。

POINT
自分で目標を定め、努力を根気よく継続できる学習態度を評価します。継続してきた努力の成果が、どんな形で表れているかをしっかりと伝えましょう。

文例① 発言や発表の際に、質問の意味をよく理解し、自分の意見がしっかり伝わる言葉で話せるようになりました。どんなときでも、教師の話をよく聞き、手を挙げる姿から、**学習習慣が正しく身についている**[A]ことがよくわかります。**観点1**

文例② 毎日の朝学習で、苦手だった漢字の練習に根気よく取り組んでいました。漢字テストでは間違えた漢字をすぐに復習して、再テストでは毎回満点を取っており、**努力を継続している成果が表れています**[B]。**観点1**

言い換え表現

A **学習習慣が正しく身についている** ➡ 学びに対する意識が高い

B **努力を継続している成果が表れています** ➡ 日々の努力が実を結んでいます

エピソード③ 一芸に秀でた子 Type 02

読書の習慣が身についており、読書月間の間にたくさんの本を読んだ。

POINT
読書というのは習慣です。その習慣がしっかりと身についていることは、その子にとっての長所となります。

文例① 本を読む習慣が身についており、空き時間を見つけて、**たくさんの本に親しみました**[A]。読書を通して、知識量もどんどん増やしています。**観点1**

文例② 読書月間には、誰よりもたくさんの本に触れ、校内の多読賞を受賞しました。読書活動を通して、**豊かな心を育んでほしい**[B]と願っています。**観点1**

言い換え表現

A **たくさんの本に親しみました** ➡ 多くの本を読みました

B **豊かな心を育んでほしい** ➡ 感性を磨いてほしい

エピソード❹　一芸に秀でた子　Type 02

漢字検定をめざしてこつこつと努力を続け、目標を達成することができた。

● POINT
なんとしても目標を達成するという強い意志と、努力を怠らない日々の様子を、具体的な活動をもとに評価します。

文例① 漢字検定でさらに上の級を取得するために、漢字学習を**こつこつと続けました**[A]。学年からすると難しい級への挑戦でしたが、粘り強く取り組み、見事合格することができました。観点1

文例② 漢字検定の○級を取るために、毎日休まず漢字学習を続けました。漢字検定の結果には、**日々の努力の積み重ね**[B]が成果として表れ、見事に合格することができました。観点1

言い換え表現

A こつこつと続けました ➡ 地道に継続しました

B 日々の努力の積み重ね ➡ 日頃の着実な学び

エピソード❺　知識が豊富な子　Type 03

自分の知識をもとに、グループで話し合ってディベートの意見文を作成した。

● POINT
自分が知っていることだけではなく、他の意見も取り入れていること、さらにそれを聞いて自分の考えを再構築する姿勢を知らせます。

文例① 意見文を作成するにあたって、友だちからの質問に対してみんなが納得できるような話し合いをしました。課題に対して明確に自分の考えをもち、**友だちの意見から考えを再構築できる**[A]ことが素晴らしいです。観点2

文例② 友だちの提案や意見に対して疑問に思ったことは積極的に質問し、話し合いを活発なものにしていました。自分の意見を言うだけでなく、**友だちの意見をきちんと聞いて熟考する**[B]ことができます。観点2

言い換え表現

A 友だちの意見から考えを再構築できる ➡ 友だちの意見を柔軟に取り入れながら、さらによい考えを導ける

B 友だちの意見をきちんと聞いて熟考する ➡ 他人の考えを聞き入れて学びを深める

エピソード6 知識が豊富な子 Type 03

ことわざや四字熟語など言語に関する知識が豊富で、進んで説明した。

POINT
知識量を評価するのではなく、学習で得た知識を普段の生活で活用している姿などを書くと、その知識が「生きた知識」として定着していることが伝わります。

文例1 国語の学習では、ことわざや四字熟語などを活用して、**意欲的に**[A]発表することができました。**観点1**

文例2 ことわざや四字熟語について、自分で調べたことをもとにして、日常生活で活用していました。その知識を普段の生活にも生かすことができており、**学んだことがしっかりと定着している**[B]ことがうかがえます。**観点2**

言い換え表現

A 意欲的に ➡ 進んで／積極的に

B 学んだことがしっかりと定着している ➡ 学習内容が身についている

エピソード7 発想が豊かな子 Type 04

漢字の自主学習では、習った漢字を使ってマンガを描くなど、楽しみながら学習に取り組むことができた。

POINT
「勉強は自分で楽しくするもの」という考え方を評価します。自分なりに工夫したことで、学習への取り組み方が変わり、効果が表れたことを書くと、その子の発想力がより生き生きとします。

文例① 漢字ノートの発展学習欄には、既習の漢字を用いた4コママンガを描くなどして、工夫して学習に取り組んでいました。自分なりの学習方法で勉強する楽しさを味わい、「遊びを入れたら、どんどんおもしろくなってきた」と、より意欲的になった○○さんの姿に**感心しました**[A]。 観点2

文例② 板書されたことだけではなく、教師が言ったことや友だちが言ったこともメモに残したり、学習のつながりがわかるように矢印をつけたりして、**世界で一つの**[B]ノートを作っています。 観点2

言い換え表現

A 感心しました ➡ 成長を感じ、嬉しく思いました

B 世界で一つの ➡ オリジナリティーあふれる

エピソード8

発想が豊かな子 Type 04

国語の学習で、詩や物語を細やかに読み取り、意見を発表していた。

POINT

詩や物語を読み取る力があり、クラスの話し合い活動にも進んで参加している様子を伝えます。

文例① 国語で詩「二度とない人生だから」を学習したときには、「一度きりの人生を大切にすること」「小さな命も大切に扱わなければならないこと」という発言から、**子どもたちの気づきが深まり**[A]、話し合いが活発に行われました。 観点2

文例② 国語の詩の学習では、詩のテーマを深いところまで読み解くことが得意です。話し合いの時間には、その**感性の豊かさを生かして**[B]自分の意見を発表することでみんなが気づいていなかった詩の側面に光を当て、話し合いをより深く有意義なものにすることができました。 観点2

言い換え表現

A 子どもたちの気づきが深まり ➡ 仲間にも考えが広がり

B 感性の豊かさを生かして ➡ 確かな読み取る力をもとに

エピソード⑨ まわりのために動ける子 Type 05

音読の練習で、声に抑揚をつけて物語の雰囲気が伝わる方法を考え、クラスのお手本となった。

● POINT
説明文、物語文の内容をよく読み取り、作者は何を伝えたいのかを理解したうえで、声の出し方や抑揚に工夫を凝らした音読ができることを評価します。

文例① 国語の「農業をする魚」の音読を一人ずつ行ったときには、クラスのみんなに「○○さんがいちばん上手に読めていたよ」と絶賛されていました。**大きな声ではっきりと**[A]、また、すらすらと抑揚をつけて読めるので、みんながよいところをまねしようとしていました。○○さんの音読はクラスのよい手本となっています。観点1

文例② 物語文の朗読は、登場人物になりきり、**感情を込めて読む**[B]ことができます。聞き手は思わず物語の世界に入り込み、理解を深める手助けとなっています。観点1

言い換え表現

A 大きな声ではっきりと ➡ 聞く人にわかりやすく／スピードを考えながら

B 感情を込めて読む ➡ 心情を表現しながら読み進める

エピソード⑩ クラスをまとめる子 Type 06

国語の「よさを伝える広告」の学習において、いろいろな視点からよさを見つけまとめていた。

● POINT
よさを伝えるために友だちの考えを聞いたり、自分の目で確かめたりしながら、誰が見てもわかりやすいポスターに仕上げていたところを評価します。

文例① 国語の「よさを伝える広告」の学習では、あいさつの素晴らしさをポスターで伝えることができました。「おはようと言ったら、おはようと返してくれた。自分で言えたこと、返してくれたこと、心がすっきりしたこと、これは、まさに一石三鳥だ」というキャッチコピーは、**見た人の心に届く**[A]ものになりました。観点2

観点1…知識・理解／観点2…思考・判断・表現／観点3…主体的に学習に取り組む態度

文例②　国語の「よさを伝える広告」の学習では、○○小の図書室の魅力をポスターで伝えました。イラストと実際に利用している6年生の感想を交えて、**見ている人にわかりやすい**[B]ポスターを作ることができました。**観点2**

言い換え表現

A 見た人の心に届く ➡ 目を向けた人の印象に残る

B 見ている人にわかりやすい ➡ 目を留めた人の心に響く

エピソード⑪　積極的に自己表現できる子

Type 07

スピーチの活動で、自分の思いや考えを堂々と大きな声で友だちに伝えることができた。

● POINT

自分の思いや考えを表現することに対して堂々としている姿勢や、話を聞いている相手を意識し、声の大きさや速さなどわかりやすくする工夫ができていたことなどを評価するとよいでしょう。

文例①　パネルディスカッションでは、グラフや写真などの資料を用意し、考えの根拠を提示しながら、聞いている人にとってわかりやすい声の大きさや速さを意識し、**堂々と発表する**[A]ことができました。**観点2**

文例②　スピーチをするとき、自分の思いや考えを進んで友だちに伝えることができました。スピーチ原稿を作る際に「はじめ」「なか」「おわり」の構成をよく練り、みんなが聞いていてわかりやすいように仕上げる工夫をし、**表現力が伸びました**[B]。**観点2**

言い換え表現

A 堂々と発表する ➡ はっきりとした声で発表する／胸を張って自身の考えを主張する

B 表現力が伸びました ➡ 相手に思いを伝えることが得意になりました

エピソード⑫ 友だちとのかかわりがよくできる子

Type 08

スピーチの題材が決まらず困っている友だちに、自分のスピーチを例に挙げながらスピーチのつくり方について助言した。

● POINT
困っている友だちを助けるためのかかわる力を評価します。思いやりの気持ちの大切さが伝わるように評価します。

文例① 国語のスピーチでは、どんなスピーチにしようか困っている友だちに、自分のスピーチを例に挙げて**アドバイスをしていました**[A]。進んで困っている友だちの力になろうとする意識が素晴らしいです。観点2

文例② 国語の学習では、スピーチの題材が決まらずに困っている友だちに、アドバイスをしていました。友だちの力になろうと、自分の例を挙げながら**懸命に伝える**[B]姿に、成長を感じました。観点2

言い換え表現

A **アドバイスをしていました** ➡ 助けになろうと励んでいました

B **懸命に伝える** ➡ 相手にしっかりと向き合って教えようとする

エピソード⑬ さまざまな場面でよさを発揮する子

Type 09

新出漢字の学習の熟語探しで、豊富な知識を活用して多くの熟語を見つけ、クラスの人気者になった。

● POINT
知識をもとにたくさん発表できたことだけでなく、まわりの友だちの評価も伝えます。周囲の評価を伝えることは、保護者の方にとっても嬉しい所見になります。

文例① 国語の漢字の学習では、好きな電車に関係する言葉を探しては、用法として発表しています。「次は何を発表してくれるの？」と、友だちも楽しみにしており、○○さん**の知識を認めています**[A]。観点1

文例② 新出漢字を使った熟語を調べる学習では、大好きな電車に関する言葉を必ず探してきて、元気よく発表しています。どんな漢字でも電車とのつながりを見つけてくる○○さんは、「電車博士」と呼ばれるようになり、みんなが**発表の時間を楽しみにしています**[B]。観点1

観点1…知識・理解／観点2…思考・判断・表現／観点3…主体的に学習に取り組む態度

言い換え表現

A ～の知識を認めています ➡ ～の姿勢に一目を置いています
B 発表の時間を楽しみにしています ➡ 発言に期待をしています

エピソード⑭ さまざまな場面でよさを発揮する子 Type 09

作文の学習で、好きなことを題材にして取材し、詳しい文章を書くことができた。

POINT
作文に苦手意識が強くても、自分が興味をもっていることや心に残った体験なら書けると意欲がもてたことを認めます。作文のよかったところを知らせることで、また書こうという気持ちになるように評価します。

文例① 自由な発想で作文を書く学習では、いつも通学途中に会うおばあさんのことを題材に作文を書きました。表情、声などおばあさんのやさしさを思い浮かべて取材メモを書き、あいさつで励まされている○○さんの**喜びが十分に伝わってくる**[A]文章を書くことができました。**観点2**

文例② 林間学園の思い出の作文では、いちばん心に残った「肝試し」のことを作文に書きました。女の子と手をつないで恥ずかしかったことや強がって大声を出したことなど、気持ちを素直な言葉で表現することができ、**生き生きとした**[B]文章になりました。**観点2**

言い換え表現

A 喜びが十分に伝わってくる ➡ 感動が読み手によく伝わる
B 生き生きとした ➡ その場の様子が伝わってくる

エピソード⑮ 人望がある子 Type 10

話し合いでは、いつも話し手のほうに体を向け、時々うなずいたり相づちを打ったりして、友だちの話を真剣に聞き、参加の意思を常に示している。

POINT
話を聞く姿勢が身についているなど、当たり前のことがしっかりできていることは、とても重要なことです。このことを当たり前と片づけずに認める言葉を送ります。

文例① 話し合いの活動では、友だちの意見に耳を傾け、相づちを打ちながら話を聞くことができました。日頃の行動にも友だちを大切にしようとする気持ちがにじみ出ており、**友だちからの信頼が厚いです**[A]。

文例② 国語の話し合いの活動では、話をしている人のほうに体を向けて相手をしっかり見て真剣に話を聞いています。**相手の考えを大切にしようとする心**[B]の表れです。

言い換え表現

A 友だちからの信頼が厚いです ➡ 仲間からとても頼りにされています

B 相手の考えを大切にしようとする心 ➡ 友だちの気持ちを理解しようとする熱心さ

エピソード⑯ 特別な支援で力を発揮できる子

楽しみながら工夫をすることで、朗読発表会で拍手を起こす朗読をすることができた。

● POINT

クラスのみんなが楽しめるように考えながら、朗読を工夫したことを評価します。また、そのときのまわりの反応を書き示すことも大切です。

文例① 国語の朗読発表会では、楽しそうに朗読の工夫をする姿**が非常に印象的でした**[A]。朗読が終わったときには、教室中が拍手に包まれました。

文例② ○○さんの朗読を聞いていた子たちの表情はキラキラと輝き、○○さんの表情も達成感に満ちていました。楽しみながら朗読をすることで、**クラス全体の模範となりました**[B]。

言い換え表現

A ～が非常に印象的でした ➡ ～はまわりの友だちにも強い印象を与えました

B クラス全体の模範となりました ➡ 他の子どもたちが目標とする存在になりました

エピソード⑰　特別な支援で力を発揮できる子　Type 11

みんなの前で発表する活動には苦手意識をもっていたが、だんだんとみんなの前で声を出すことができるようになってきた。

POINT
友だちと一緒に、少しずつ心をほぐして声を出すことができるようになったことを評価します。友だちとのかかわりもできるようになったことを伝えましょう。

文例①　隣の席の友だちと一緒に発言したり、発表したりするなど小さなステップを設け、**達成感を味わった**[A]ことをきっかけに、だんだんと声を出せるようになってきました。

文例②　休み時間、まわりの友だちと遊んで仲よく過ごすうちに、声を出せるようになってきました。そのままの○○さん**のよさを認め、自信をつけてもらいたい**[B]と思っています。

言い換え表現

A 達成感を味わった ➡ できる喜びを感じた／満足感を得た

B ～のよさを認め、自信をつけてもらいたい ➡ ～を受け入れて、成長の糧としてほしい

エピソード⑱　特別な支援で力を発揮できる子　Type 11

自分の考え方ややり方にこだわりが強かったが、物語の読解を通じて、登場人物の気持ちを考えたり、表現したりすることができるようになってきた。

POINT
頑固になりやすい考え方ややり方を指摘するのではなく、物語教材の学習を通じて、他人の考え方を許容できるようになってきたことを評価します。

文例①　国語では、話し合いでの友だちの発表をよく聞いて、その意見を参考にしながら、ワークシートに自分の意見を進んで書くことができました。また、登場人物の**思いについて自分の考えを発表する姿が見られました**[A]。

文例② 国語の「まほう使いのチョコレートケーキ」の学習で、登場人物の思いについて深く考えたことをきっかけに、自分とは違う考えを受け入れられるようになり、**友だちの意見を最後まで聞く**[B]ことができるようになりました。友だちの発表を聞きながら時折うなずいたりしている○○さんの姿に、成長を感じました。

言い換え表現

A 思いについて自分の考えを発表する姿が見られました ➡ 気持ちを考えながら、自分の意見を発表することができました

B 友だちの意見を最後まで聞く ➡ 自分と違う意見に触れながら考えを深める

エピソード⑲ 所見を書きにくい子 Type 12

課題に対して慎重になりすぎて、指示されないと学習ができない。

● POINT

自分で考え、課題を解決していくことを苦手とする子どもは、最後まで学習に取り組めるようになってきたことを評価するとよいでしょう。

文例① どんな課題に対しても丁寧に取り組んでいます。先生の指示をよく聞いて、行動する姿は立派です。**着実に物事を進める**[A]力が身についてきました。

文例② 授業の中で疑問に思った部分や腑に落ちなかったところを、そのままにせず質問できるようになりました。積極的に質問して疑問を解決することで、**自信をもって**[B]学習に取り組めるようになりました。

言い換え表現

A 着実に物事を進める ➡ 確実に物事に取り組む

B 自信をもって ➡ 自分で考えて／めあてを立てて

Subject

社会

さまざまなことに関心をもって取り組む姿勢に着目しよう

エピソード❶

こつこつ頑張る子 Type 01

歴史に興味・関心が高く、多くの知識をもとに授業中よく発言をし、理解を深めた。

● POINT

家庭での調べ学習が充実していることによって、それが学校の授業でも生かされ、クラス全体の歴史学習への深まりにつながっていることを伝えます。

文例① 社会の学習では、歴史係を自らつくるほど興味をもって取り組んでいます。歴史新聞を発行し、知識をクラスに広めるなど**主体的な学習態度**[A]が素晴らしいです。観点1

文例② 林間学校での日光東照宮見学に際しては、事前に調べたことと見比べながら高い関心を寄せ、**丁寧に見学していました**[B]。史実を自分の目で確かめようとする姿勢が感じられます。観点2

言い換え表現

A **主体的な学習態度** ➡ 進んで学びに向かう姿勢

B **丁寧に見学していました** ➡ 目を輝かせて興味津々でした

エピソード❷

一芸に秀でた子 Type 02

歴史に興味をもち、毎日社会の教科書を読んで、教科書に出てくる歴史上の人物の名前とその人物が何をしたのかということを覚えることができた。

● POINT

努力を重ねることで覚えることができるようになったことを、具体的な様子をもとに評価します。

文例① 戦国時代の武将について学習したことをきっかけに、歴史上の人物に**興味を抱くようになりました**[A]。社会の教科書を音読して、毎日一人ずつ歴史上の人物の名前とその人物がしたことを覚えていきました。意

欲的に学習に取り組むことで学習内容を確実に理解できるようになりました。**観点 1**

文例 ② 2学期の社会の学習に対する意欲は**目を見張るものがあります**[B]。積極的に発言するだけでなく、振り返りのしやすいノートをとることもできています。これは、毎日の社会の教科書の音読の成果です。歴史上の人物の名前とその人物がしたことを覚えることで、それぞれの時代についても興味を抱き、自ら学習することができるようになってきています。**観点 2**

言い換え表現

A ～に興味を抱くようになりました ➡ ～を深く知ろうとする姿勢が感じられます

B 目を見張るものがあります ➡ 非常に高まっている印象を受けます

エピソード ③ 知識が豊富な子 Type 03

日本の歴史に興味・関心をもち、本やインターネットを使って詳しく調べるなど、主体的に行動することができた。

POINT

表面的な知識だけでなく、時代の背景や現代とのつながりなど、より深い知識を得ていることに目を向け、伝えます。

文例 ① 社会科では、自分のもっている知識を学級全体に広げてくれました。特に戦国時代の武将に興味をもち、進んで本や資料を活用して情報を得る姿は、**主体的な学習姿勢の模範**[A]となりました。**観点 1**

文例 ② その時代に活躍した歴史的人物や当時の歴史的背景などにも目を向け、社会的な事象を多面的にとらえることができました。習得した知識を十分に生かして、歴史新聞にまとめるなど、既習事項**を確実に自分の力にしています**[B]。**観点 1**

言い換え表現

A 主体的な学習姿勢の模範 ➡ 意欲的な学びの手本

B ～を確実に自分の力にしています ➡ ～の理解を確かなものにしています

観点 1…知識・理解／**観点 2**…思考・判断・表現／**観点 3**…主体的に学習に取り組む態度

学習
国語
社会
算数
理科
音楽
家庭
図画工作
体育
道徳
外国語
その他

エピソード❹ 知識が豊富な子 Type 03

日本の都道府県名だけでなく、世界の国の名前をよく知っている。

POINT
自分の知識が、友だちの学習に役立っているという気づきを与えられるように、具体的に書きます。

文例① 世界の国の名前を次々に挙げて、ノートに書くことができました。国名と都市名との区別や、地図上の位置もよく知っていて、友だちから「地図博士」**という愛称で呼ばれるようになりました**[A]。観点1

文例② 世界の国の名前が出てくると、クラスの友だちはすぐに○○さんに「どこにあるの？」と聞いています。国々の名前だけでなく、その国の特徴も知っているので、さまざまな学習場面で**活躍しています**[B]。観点1

言い換え表現

A **〜という愛称で呼ばれるようになりました** ➡ 〜と尊敬の眼差しを向けられるようになりました

B **活躍しています** ➡ みんなが頼りにしています

エピソード❺ 発想が豊かな子 Type 04

「戦争から平和へ」の学習の中で、特に人々の暮らしに視点を当て学習を進めた。

POINT
たくさんの資料を読み解き、自分の考えをまとめているところを評価します。

文例① 社会科の調べ学習では、たくさんの資料をもとに「戦争中の家族」というテーマで歴史新聞をまとめました。学童疎開をした子どもたちに視点を当て、つらさ、悲しさ、苦しさに思いを馳せ、**自分なりの考えをもつ**[A]ことができました。観点1

文例② 社会科の調べ学習では、まず、資料をじっくりと読むところから始めました。その中で戦争中の人々の暮らしに焦点を当て、その様子から学んだことを**自分の考えとして**[B]まとめることができました。観点1

言い換え表現

A **自分なりの考えをもつ** ➡ ものの見方や考えを広げる

B **自分の考えとして** ➡ 現代社会と照らし合わせながら

エピソード⑥ 発想が豊かな子 Type 04

校外学習で学んだことをメモにとり、新聞などにまとめていた。

POINT
校外学習でしっかりとメモをとっていたこと、要点を押さえてまとめられる力があることを伝えます。

文例① 見学で見聞きしたことをわかりやすく工夫してまとめました。見学時のメモのとり方が要点を押さえています。**しっかりと話を聞くことのできる集中力と大切な内容を聞き取る力の高さを感じます**[A]。観点2

文例② 社会科見学では、バスの車窓から眺めた都内の景色をメモに書き残すなど、**意識の高さ**[B]を感じます。まとめには、パンフレットを効果的に使い、わかりやすい新聞を作ることができました。観点2

言い換え表現

A **しっかりと話を聞くことのできる集中力と大切な内容を聞き取る力の高さを感じます** ➡ 大切な内容を聞き取りまとめることができ、情報処理能力が身についてきていることがわかります

B **意識の高さ** ➡ 学習への意欲

エピソード⑦ まわりのために動ける子 Type 05

文明開化の学習に興味をもち、資料集などを活用して進んで調べた。

POINT
明治時代はじめと江戸時代終わりの2枚の写真から、たくさんの違いを発見し、世の中が変わっていく様子をとらえていることを評価します。

文例① 社会は幕末と文明開化に興味・関心をもって学習を進めることができました。2枚の写真から建物・服装・乗り物に着目して時代の違いを見つけ、**発表すること**[A]ができました。観点2

観点1…知識・理解／観点2…思考・判断・表現／観点3…主体的に学習に取り組む態度

文例② 社会は幕末と文明開化に興味をもちました。人々の生活が変わり、社会の仕組みが変化したことを資料集などを使って調べ、**自分の考えも交えながら**[B]発表することができました。**観点2**

言い換え表現

A 発表すること ➡ 上手にまとめて友だちに伝えること

B 自分の考えも交えながら ➡ 友だちの意見も参考にしつつ

エピソード⑧ クラスをまとめる子 Type 06

歴史に興味・関心が高く、進んで新聞作りなどをしてクラスに広めている。

POINT

学習した内容を進んで調べ、絵や写真を使ってわかりやすくまとめているところを評価します。

文例① 歴史係をつくるほど、社会の歴史に興味をもって取り組んでいます。知識が豊富なうえに調べ学習が充実しているので、まとめの新聞は**クラスの友だちからも認められています**[A]。**観点2**

文例② **意欲的に歴史を学習し**[B]、自分で調べたことを絵や写真を効果的に使って新聞にまとめています。特に縄文時代の貝塚や住居に関心を寄せ、人々の暮らしに思いを馳せました。**観点2**

言い換え表現

A クラスの友だちからも認められています ➡ 大変読み応えがあります

B 意欲的に歴史を学習し ➡ 歴史の学習に主体的に取り組み

エピソード⑨ 積極的に自己表現できる子 Type 07

歴史の学習で、自主的に調べ、学習を進めることができた。

POINT

目的に向かって資料を集めるなど、自主的に動いてよりよいものを作ろうとしたことを評価します。

文例① 社会の「大昔のくらし」では、積極的に取り組みました。土器の作り方を本やインターネットを使って調べ、丁寧な図を描いて説明をし、昔の人たちの知恵と苦労を**想像して感想を書く**[A]ことができました。

文例② 社会の「全国統一への動き」の学習で、豊臣秀吉に興味をもって調べました。秀吉が天下を統一していくために行った政策について**意欲的に調べてまとめ**[B]、信長や家康との違いを、調べたことをもとに寸劇で発表することができました。

言い換え表現

A 想像して感想を書く ➡ 自分の考えを入れて述べる

B 意欲的に調べてまとめ ➡ 自発的に学びを深める姿勢を見せ

エピソード⑩ 積極的に自己表現できる子 Type 07

自身の経験を学級全体に進んで伝えることができた。

POINT

自分の経験を話すことは、まわりの子どもたちにとっても興味深いことです。学年が上がるにつれ、自分自身のことを話さなくなりますが、進んでみんなに伝えたことをしっかりと評価していきます。

文例① 社会の「生活環境を守る」では、地域で行ったゴミ拾い活動に参加したときの話を進んで発表しました。ゴミの種類や数、大変だったことなどをわかりやすく伝えることができました。ゴミについて真剣に考えていこうと、力強く主張することができたことに対して**大きな拍手がわき起こりました**[A]。**観点2**

文例② 社会の「日本とつながりの深い国々」の学習では、スーパーマーケットで買い物をしたときの話を発表しました。日頃食卓に並ぶ食べ物の多くが輸入されていることを実感した驚きを、**具体例を出して**[B]話し、世界とのつながりの深さを伝えることができました。**観点2**

言い換え表現

A 大きな拍手がわき起こりました ➡ 友だちから尊敬のまなざしを向けられていました

B 具体例を出して ➡ 他人に届くようにわかりやすく

学習 国語 社会 算数 理科 音楽 家庭 図画工作 体育 道徳 外国語 その他

エピソード⑪　友だちとのかかわりがよくできる子　Type 08

授業の話し合い活動の中で、自分の考えを主張しながらも友だちの考えを尊重していた。

● POINT
社会科の授業や理科の実験など、考えを出し合う場面において、自分の考えを押しつけるのではなく、友だちの考えも聞きながらまとめようとしているところを評価して伝えます。

文例① 自動車工場の学習では、グループで自動車を早く大量に作るための話し合いをしたときに、考えが異なる友だちの意見にも「なるほど！」「そういうやり方もあるね」と**相づちを打ち**[A]、グループの意見をまとめていきました。観点2

文例② 社会の授業では、グループで話し合いをするときに、友だちの**考えを上手に引き出す**[B]ことができます。○○さんの班は、いつもスムーズに協議が進み、よい内容を発表しています。観点2

言い換え表現

A **相づちを打ち** ➡ 友だちの意見をよく聞いて受け入れ

B **考えを上手に引き出す** ➡ 意見に真剣に耳を傾ける

エピソード⑫　さまざまな場面でよさを発揮する子　Type 09

調べ学習で、自分の得意な分野で調べたり、まとめたりすることができた。

● POINT
自分の得意な分野から課題に取り組み、まとめられたことに着目します。初めは興味がもてなかった課題でも、自分のよさを伸ばすきっかけになるように頑張りを認めます。

文例① 米作りの学習では、バケツ稲の世話を毎日欠かさず続け、気づいたことを記録することができました。稲作農家の工夫を調べる学習の中で、自分が稲を育てた苦労を例に出し、農家の人たちの願いをよく理解して文章にまとめ、**体験を生かした**[A]素晴らしい発表をすることができました。観点2

文例② 「日本とつながりが深い国々」の調べ学習では、好きなサッカーで結びつきの深いブラジルを選びました。得意のインターネットを使って、サッカーのことからさらに発展させて、食べ物や行事についても調べることができました。発表の最後に**「ブラジルのことが大好きになりました」という言葉が心に残りました**[B]。**観点2**

学習
国語
社会
算数
理科
音楽
家庭
図画工作
体育
道徳
外国語
その他

言い換え表現

A 体験を生かした ➡ 自分の思いがこもった

B 「ブラジルのことが大好きになりました」という言葉が心に残りました ➡ 「もっとブラジルのことを知りたい」と、意欲をみせていました

エピソード⑬ 人望がある子 Type 10

自分でキャラクターを作って、新聞作りのときに大切なことを解説させる方法を始め、クラスのみんなが真似をするようになった。

POINT
自分のアイデアが、クラスのみんなに広がっていく様子を通して、自分とクラスの成長がつながっているということを伝えます。

文例① 歴史上の人物が広告や尋ね人などのキャラクターとして登場する、アイデアいっぱいの新聞は、**クラスの名物になっています**[A]。**観点1**

文例② その時代にありそうな広告を載せたり、まるで取材に行ったような記事を書いたりする歴史新聞のアイデアが、クラスで話題となり、**みんなに広がっていきました**[B]。

言い換え表現

A クラスの名物になっています ➡ 友だちからも期待を寄せられています

B みんなに広がっていきました ➡ 集団全体に影響を与えていました

エピソード⑭　人望がある子

Type 10

社会科のグループ学習で、ペースについていけない友だちができるまで待ち、チームワークよくグループ活動を進めた。

● POINT

友だちを待ってあげる行為が、友だちを大切にしているということなのだと伝え、その子の協調性ややさしさを明確にし、評価します。

文例① 社会科のグループでの調べ学習では、学習のペースがつかめずにいる友だちに、資料を見せて、その子が終わるまでじっと待ってあげていました。**まわりの友だちを大切にできる姿**[A]が素晴らしいです。

文例② 社会科の調べ学習では、ペースが遅れがちな友だちに配慮し、作業の手順を考え、提案することができました。**そのおかげでグループ全員が満足できる活動になりました**[B]。

言い換え表現

A まわりの友だちを大切にできる姿 ➡ 協調性がある姿／他人を思いやる姿勢

B そのおかげでグループ全員が満足できる活動になりました ➡ その活動によって全体の充実度を高めることにつながりました

エピソード⑮　特別な支援で力を発揮できる子

Type 11

地図やグラフには興味を示さなかったが、写真や絵などの資料を提示すると意欲的に学習に取り組めるようになってきた。

● POINT

興味・関心を抱くものだと、自主的に学習に取り組めるようになってきたことを評価します。

文例① 長篠の戦いの学習では、絵をもとに、織田軍と武田軍の戦い方の違いに自分で気づくことができ、ノートに箇条書きで書くことができました。自分の力で学習に取り組めるようになったことは、○○さん**の自信になっています**[A]。 観点 1

文例 ② 写真や絵など目で見てわかりやすいものが資料だと**高い意欲を発揮します**[B]。積極的に発言したり、必要な部分の板書をノートに写したりすることもできるようになってきました。

言い換え表現

A ～の自信になっています ➡ ～にとって成長の糧となっています

B 高い意欲を発揮します ➡ 意欲的に学習に取り組みます

エピソード⑯ 所見を書きにくい子

Type 12

受験志向が高く、学校の勉強を軽視するところがあったが、自分の知識をまわりにも還元していく意識をもつことができた。

POINT

自分の知識をまわりに還元しようとする姿を評価します。子どもの変化を読み取って書くことが大切です。

文例 ① 教科書などの資料と自分の知識を関連づけながら考え、課題について考えをまとめることができました。最近では、それをまわりの友だちにわかりやすく伝えることもでき、**頼もしさを感じます**[A]。

文例 ② 発言も増えており、友だちがわからない言葉の意味などをわかりやすく説明することもできるようになりました。自分のもっている力を惜しみなく発揮しようとする**気持ちをもてたことが大きな成長です**[B]。

言い換え表現

A 頼もしさを感じます ➡ 成長が感じられます

B 気持ちをもてたことが大きな成長です ➡ 姿勢を示すことができるようになり、自身の成長につながっています

Subject

算数

自分を高めようとする意識や論理的思考力に目を向けよう

エピソード❶

こつこつ頑張る子

Type 01

計算の過程をしっかりと見直すことで、ケアレスミスを減らし、テストの点数が上がった。

● POINT

高学年ではこれまでよりも複雑な計算過程が必要となり、ケアレスミスも増えてきます。「見直し」という課題意識をしっかりともって取り組んだことと、その成果を伝えます。

文例① テストでのケアレスミスを減らすために、何度も見直すことで、計算ミスによる失点を減らすことができました。自分なりの課題意識をもって取り組んでいるところに、○○さんの**成長を感じます**[A]。**観点1**

文例② 毎回のテストで自分の解答をしっかりと見直すようになったことで、計算の力がさらに伸びてきました。**学習態度に落ち着きが出てきて**[B]、単純な計算ミスが大幅に減ったことも、成長した点です。**観点2**

言い換え表現

A **成長を感じます** ➡ 向上心の高さが目立ちます

B **学習態度に落ち着きが出てきて** ➡ 集中して取り組めるようになり

エピソード❷

一芸に秀でた子

Type 02

計算が早くミスが少ない。自分なりの計算の仕方の工夫を友だちにも教えていた。

● POINT

計算が早くミスが少ないということだけでなく、自分なりの計算のコツを友だちにも広げようとしていることを評価します。

文例① 計算ドリルによる反復学習をすることで小数のわり算の計算が誰よりも早くできるようになりました。計算をしたあとに見直しをしっかりと行うのでミスも少なく、「なんでそんなに早く計算できるの？」と友だちからも質問され、計算の仕方のコツを**丁寧に教えてあげる姿を何度も見ることができました**[A]。**観点1**

学習
国語
社会
算数
理科
音楽
家庭
図画工作
体育
道徳
外国語
その他

文例② 分数のわり算の計算方法をいち早く理解し、途中で必ず約分をすることを心がけていました。何度も計算練習をくり返すうちに約分できる数を瞬時に判断できるようになり、誰よりも早く計算することができるようになりました。ミスが少ない○○さんの計算の仕方のコツを友だちが聞きに行くと、**快く教えてあげることができています**[B]。**観点1**

言い換え表現

A 丁寧に教えてあげる姿を何度も見ることができました ➡ 一緒に問題を解きながら教えてあげていました

B 快く教えてあげることができています ➡ 嫌な顔ひとつせず、他人のために行動できます

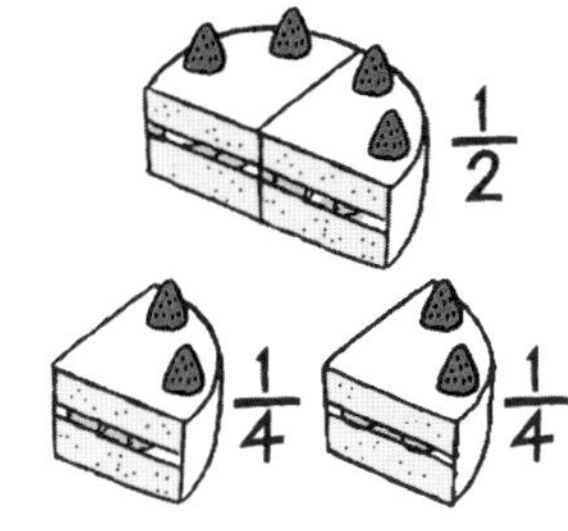

エピソード③ 知識が豊富な子 Type 03

分数のかけ算やわり算の概念、計算の仕方の説明などを、面積図や数直線、式を活用して、巧みに説明することができた。

POINT
読書量が多く、自分の思いや考えを言葉にしたり道具を使って表現したりできることをほめます。何事にも「なぜ」「どうして」の問題意識をもち、課題解決していく姿勢も評価するとよいでしょう。

文例① 分数のかけ算の学習では、計算の仕方を図で表して、わかりやすく説明することができました。自分の身の回りのことに結びつけて説明する様子から、日常生活の出来事を**よく観察し、言葉で表現する**[A]力が伸びました。**観点2**

文例② 比例の考え方を使って歯車の回転数を考える問題では、式を使って回転数を出すことができました。考え方を説明する際は、「なぜ」「だって～だから」と自分なりに**筋道を立てて**[B]、友だちに意見を伝えることができました。**観点2**

言い換え表現

A よく観察し、言葉で表現する ➡ 物事を多角的に見て考えを堂々と伝える
B 筋道を立てて ➡ 順序よく／根拠をもって

エピソード④ 発想が豊かな子 Type 04

新しい単元での計算の仕方を、既習事項をもとに考え、わかりやすく説明できた。

● POINT
計算ができたことよりも、解答にたどり着くまでの過程で既習事項を使えていたことを評価すると、発想のよさがより伝わりやすくなります。

文例① 分数を分数でわる計算の仕方を、すでに習った分数のかけ算の計算方法をもとにわかりやすく説明しました。聞き手がわかりやすいよう、すでに習ったことに置き換えて話す姿に、**確かな発想力が見て取れます**[A]。 観点2

文例② 算数の「分数のわり算」では、これまでに習った計算方法を生かして、自分なりの方法で計算の仕方を説明しました。計算の決まりを使って考える姿勢に、**論理的な思考力の高まり**[B]が感じられます。 観点2

言い換え表現

A 確かな発想力が見て取れます ➡ 理解力が着実に高まっているのが感じられます
B 論理的な思考力の高まり ➡ 筋道立てて考える力の深まり

エピソード⑤ 発想が豊かな子 Type 04

算数の授業で、自分の生活場面と結びつけて、課題解決をすることができた。

● POINT
課題に対して解決の見通しを立てることができること、思考力が柔軟で、自分の意見を発言したり、発表したりできることを評価するとよいでしょう。

文例① 円の面積の学習では、公式を使った複雑な図形の求め方を率先し

て求めることができました。そして、生活場面でよく見かける広さの特徴を見つけてまわりの友だちに言葉で伝えるなど、**表現力の豊かさ**[A]も光ります。観点2

文例② 分数の授業では、「何分の1」という考え方を活用し、すらすらと解き方を示すことができました。**思考が柔軟で**[B]、積極的に課題解決に取り組んでいます。観点2

言い換え表現

A **表現力の豊かさ** ➡ 物事に対する豊かな発想力／鋭い観察力

B **思考が柔軟で** ➡ 発想が豊かで／さまざまな方法で考えることができ

エピソード⑥ まわりのために動ける子 Type 05

理解力が高く、問題を素早く解くことができる。残った時間で、友だちのわからないところを一緒に考えるなどの様子が見られた。

● POINT

自分のことだけを考えるのではなく、クラス全体の学力向上に貢献していることを評価します。

文例① 進んで学習に取り組むことができます。特に算数は、課題解決能力が高く、素早くやりこなすことができます。残った時間は、友だちがわからない問題を解説するなど、クラス全体の**学力向上に貢献しています**[A]。観点2

文例② 算数は、難しい問題でもあっという間に自力解決することができます。学び合いの場面では、黒板を使って、丁寧に解き方を説明するなど、全体の**理解力を高めています**[B]。観点2

言い換え表現

A **学力向上に貢献しています** ➡ レベルアップにつながっています

B **理解力を高めています** ➡ 理解を深めています

観点1…知識・理解／観点2…思考・判断・表現／観点3…主体的に学習に取り組む態度

エピソード⑦　クラスをまとめる子　Type 06

小数のわり算では、小数を使ったわり算の計算方法を、聞いている人にわかりやすく根拠を明確にして説明することができた。

POINT
筋道を立てて説明することは、子どもにとっても難しいことです。聞き手を意識し、わかりやすく説明できるところを具体的なシーンを挙げ、示します。

文例①　算数では、図を用いて「小数のわり算」の計算の仕方を**誰にとってもわかりやすく**[A]説明することができました。**観点1**

文例②　**筋道を立てて説明する力**[B]は、どの教科でも発揮され、自分の考えや伝えたいことを、聞いている人にとってわかりやすく説明することができます。これは、思考力と表現力が高い証です。**観点2**

言い換え表現

A 誰にとってもわかりやすく ➡ 順序立てて／論理的に

B 筋道を立てて説明する力 ➡ 根拠を明確にして言葉で表す力／論理的思考を解説する力

エピソード⑧　クラスをまとめる子　Type 06

授業中に考えた解き方や気づいたことなどを積極的に発言し、授業をリードしていた。

POINT
進んで発言し、授業の展開を担っていること、また、友だちの考えも聞くことができ、理解が深まっていることを評価して伝えます。

文例①　算数の課題解決に向けて、的確な見通しをもって自力で解決し、その解き方をわかりやすく説明して**学びを深めています**[A]。自分の考え方を臆せず発表して授業をリードする力は、素晴らしいです。**観点2**

文例②　算数の授業では、問題から考えたことをまとめ、さらに疑問点を挙げるなどより深い学習を行っています。考えたことは必ず発表し、**授業をリードしています**[B]。**観点2**

言い換え表現

A 学びを深めています ➡ 理解するためのヒントを提示しています
B 授業をリードしています ➡ 全体の学びをまとめて、先導しています

エピソード⑨ **積極的に自己表現できる子** Type 07

友だちの考えに疑問をもち、質問をすることによって確実に理解することができた。

● POINT
理解ができたことはもちろん、自分の疑問を素直に表現したことを評価することで、これからも積極的に発言していこうとする意欲に結びつけます。

文例① 「分数のわり算」の学習では、「どうして、わる数を分母にかけるの？」と、友だちに質問しました。疑問を**素直に口に出す**[A]ことで、計算の仕組みを、実感をもって理解をすることができました。**観点1**

文例② 「分数のかけ算」の計算の仕方の説明を聞いて、「どうして分子にだけ数字をかけると答えが出るのだろう」と発言しました。まわりの友だちも「確かにそうだ」と気づき、○○さんの素直な発言が、学級全体の**確かな理解**[B]につながりました。

言い換え表現

A 素直に口に出す ➡ はっきりと言葉で表す
B 確かな理解 ➡ 活気ある話し合い

エピソード⑩ **友だちとのかかわりがよくできる子** Type 08

問題の解き方を友だちと一緒に考えたり、教え合ったりしながら理解を深めていた。

● POINT
友だちと試行錯誤をしながら問題を解いたり、わからない友だちに教えたりすることにより、理解をいっそう確かなものにしていくのだということ伝えます。

文例① 紙1枚の重さを量る学習では、グループの友だちと**協力しながら**[A]、1枚では量ることのできない紙の重さをどうすれば知ることができるのか

観点1…知識・理解／**観点2**…思考・判断・表現／**観点3**…主体的に学習に取り組む態度

を考えました。100枚の重さを量って100で割る方法を思いついたときは、友だちと目を輝かせ、他のグループにも説明し、**考える楽しさ**[B]を感じていました。観点 2

文例 ② いろいろな形の立体の体積を求める学習では、解き方がわからない友だちに教えているうちに、別の解き方にも気づき、もっといろいろな方法で解いてみようという**意欲をもって学習に取り組む**[C]ことができました。観点 2

言い換え表現

A **協力しながら** ➡ 協働的に話し合いながら
B **考える楽しさ** ➡ 問題を解けるようになる喜び
C **意欲をもって学習に取り組む** ➡ 課題意識をもちながら学びに向かう

エピソード 11　さまざまな場面でよさを発揮する子　Type 09

友だちの意見をよく聞き、そのよさを踏まえて、自分の意見をもつことができた。

POINT
学習に苦手意識をもっている子でも、友だちの話をよく聞くことができたこと、友だちの意見に共感したうえで自分の意見をもつことができたことなど、学習に取り組む姿勢を評価するとよいでしょう。

文例 ① 「分数のわり算」で計算方法を考える場面では、友だちとペアになり、解き方を一生懸命に考えました。友だちの意見をよく聞き、自分一人では自信がもてなかったことも、**だんだんと自信をもって答える**[A]ことができるようになりました。観点 2

文例 ② 苦手意識をもっていた算数の学習では、友だちの意見を聞くことで、自分の意見にも自信をもつようになりました。問題に対し、時間をかけて**粘り強く取り組み、解決していく**[B]力を伸ばしました。観点 1

言い換え表現

A **だんだんと自信をもって答える** ➡ 堂々と大きな声で答える／胸を張って意見を述べる

B 粘り強く取り組み、解決していく ➡ 最後まで諦めずに取り組む／根気強く取り組み、問題を解決する

エピソード⑫　さまざまな場面でよさを発揮する子

Type 09

算数に対して苦手意識をもっていたが、諦めずに問題に向かい続けることで学力を少しずつ伸ばしていった。

● POINT

一人ひとりに目を向け、他と比べることなく、その子の成長を認め、今までできなかったことができるようになった大きな価値を伝えます。後半になってやる気になった場合は、そのやる気の部分に焦点を当てて書くのがポイントです。

文例① 「拡大図と縮図」の学習では、休み時間になっても問題に取り組み、わからない問題を教師に聞きにくる姿が何度もありました。「わかるようになりたい」という気持ちが伝わり、**努力を続けている姿に成長を感じました**[A]。観点2

文例② 「分数のわり算」の学習では、これまで学習した内容で理解の浅かった部分を改めて復習しながら、わからない部分をひとつずつ潰していきました。わからない問題に**投げやりになる**[B]ことなく、努力を続けた頑張りに拍手を送ります。観点2

言い換え表現

A 努力を続けている姿に成長を感じました ➡ 地道に励むことで大きく成長しました

B 投げやりになる ➡ 諦めてしまう

エピソード⑬ 人望がある子 Type 10

問題に対して「なぜ」「どうして」という疑問をもち、その疑問をクラスで共有し、根拠をもって問題を解決することができた。

● POINT
論理的に考える姿勢をもつことができることを指摘します。根拠をもって発言をするので、まわりの友だちからも一目置かれる存在になっていることも伝えるとよいでしょう。

文例 ① 算数では、どんな問題に対しても「なぜ」「どうして」の問題意識をもち、その疑問を積極的に質問することで、クラスのみんなが考える助けになっています。自分が納得できるまで友だちの意見を聞き、自分で考え、**論理的思考力を高める**[A]ことができました。**観点 2**

文例 ② 算数では、問題に対する友だちの意見と自分の意見とを比べて、どこが違うのか、どこが似ているのか、大切なポイントを話すことができました。物事をよく考え、吟味する姿勢は、**まわりの友だちからも尊敬されています**[B]。**観点 2**

言い換え表現

A **論理的思考力を高める** ➡ 筋道を立てて考える

B **まわりの友だちからも尊敬されています** ➡ 周囲からも一目置かれています

エピソード⑭ 特別な支援で力を発揮できる子 Type 11

複雑な計算問題につまずいたとき、前の学年の計算ドリルを持ってきて、十分理解できていなかったところを復習した。

● POINT
「将来の自分を変えていくために、今頑張ろう」と、前の学年の学習内容であっても立ち戻って復習しようと決意した態度を評価します。

文例 ① 理解が浅かったと感じる単元について、学年をさかのぼって復習しようと決心し、自ら計算練習に取り組みました。自分の弱点を見極め、克服するための行動に移せたことが、**何よりも大きな成長です**[A]。

文例 ② 「ここからやってみる」と言って、前の学年のドリルに真剣に取り組むようになりました。**自分に必要なこと**[B]を素直に認めて努力するようになりました。

言い換え表現

A 何よりも大きな成長です ➡ 新たな第一歩だと感じます

B 自分に必要なこと ➡ 自らの課題

エピソード ⑮ 所見を書きにくい子 Type 12

授業中の意欲がなく、板書を写さないことが多い。

POINT

興味をもった教科やよかったところをほめます。その相乗効果で、他の教科や授業へのやる気を引き出せるように、これからの課題や指導の方向性などを示します。

文例 ① 算数の作図に興味をもち、丁寧に取り組んでいます。一つひとつの問題を確実に解いていくことで、計算も正確さが増してきました。友だちの解き方や考え方にも**耳を傾けられる**[A]ようになってきたので、さらなる飛躍が期待できます。

文例 ② 一つひとつの問題に対して真剣に取り組み、丁寧に問題を解く力が身についています。自分の答えに自信をもって、**間違いを恐れずにどんどん自分の意見を発表していける**[B]ようになれば、より大きな成長が期待できます。

言い換え表現

A 耳を傾けられる ➡ 興味・関心をもつ

B 間違いを恐れずにどんどん自分の意見を発表していける ➡ 積極的に自分の考えを示していける

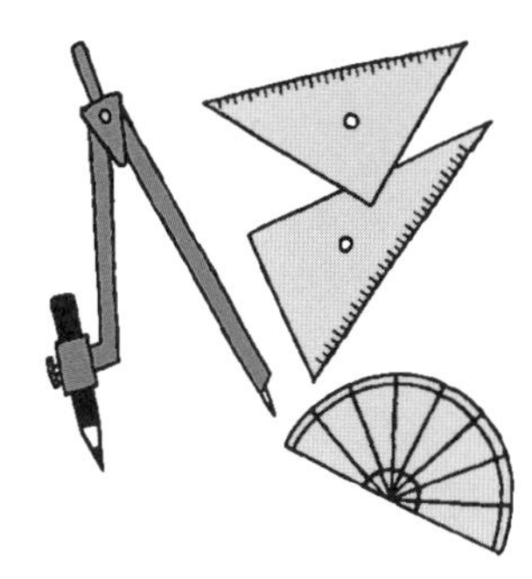

Subject

理科

学習に対して積極的な姿勢や内面的な高まりを伝えよう

エピソード❶

こつこつ頑張る子

Type 01

理科の授業で、図や絵を書き込んだ丁寧なノート作りを行い、理解を深めることができた。

● POINT

丁寧なノートを作る力は、中学校に上がってからも役立ちます。「自分のためにノートを書くんだ」という決意、そのための努力を惜しまない姿勢を評価すると、本人の意欲もさらに高まっていきます。

文例 ① 実験中に気づいたことや、担任の言葉、失敗した原因などをノートの片隅に書きとめ、のちの学習に活用できるよう、**自作の参考書のようにノートを作っています**[A]。観点1

文例 ② 授業の感想には、自分の考えや疑問点を書き出し、学んだことを自分の知識にしようと努めていました。ノート作りは「未来の自分のためにやっている」という言葉に**感心しました**[B]。観点1

言い換え表現

A 自作の参考書のようにノートを作っています ➡ わかりやすさを重視したノート作りに励んでいます

B 感心しました ➡ 成長が見て取れました／頼もしさを感じました

エピソード❷

一芸に秀でた子

Type 02

実験や観察の結果から何がわかったのかを明確にする「考察」を自分の言葉でレポートに書くことができた。

● POINT

実験や観察の結果だけを書いて満足してしまうものですが、小学校高学年段階では考察を自分の言葉で表現することに力を入れることが大切です。結果をもとに自分の言葉で考察を書くことができていることを評価します。

文例 ① 食塩やミョウバンが水により多く溶けるための条件を調べる実験

を丁寧に行い、正しいデータを記録することができました。実験の結果や結果からわかったことを自分の言葉でまとめることで**学習内容の理解を深める**[A]ことができました。誰が読んでもわかりやすいレポートは、みんなの見本になりました。 観点1

文例② 理科の「ものの燃え方と空気」の学習では、ものが燃えると二酸化炭素が増えるということを、実験により知ることができました。結果をもとに「○○という結果から△△と考えられます。このことから～と言えます」と、結果からわかったことをレポートに自分の言葉でまとめることができました。このことから**筋道を立てて考える力が高まってきた**[B]ことを感じます。 観点2

言い換え表現

A 学習内容の理解を深める ➡ 学習内容を身につける
B 筋道を立てて考える力が高まってきた ➡ 思考力が養われてきた

エピソード③ 知識が豊富な子 Type 03

メダカの観察では細部までよく見て観察カードに記録し、魚について知っていることや気づいたことを進んで発表していた。

● POINT
生き物が好きで、観察力があること、そしてその興味・関心から得た知識を学習に生かせたことを伝えます。

文例① 理科の学習でメダカの成長を観察したときには、ヒレの形など細かいところに着目していました。観察した結果に自分なりの考えを加えてメダカの生態について発表することができ、**魚についての知識を発揮しながら学習に取り組んでいました**[A]。 観点2

文例② 細部まで観察した自分の観察カードに書かれているメダカの絵を実物投影機に映しながら、メダカの背びれが平行四辺形に似た形になっているのはオスだということをみんなの前で説明することができました。**生き生きとした表情で**[B]発表している姿に、○○さんの好きなものに対する愛情を感じました。 観点2

言い換え表現

A **魚についての知識を発揮しながら学習に取り組んでいました** ➡ 興味・関心のある事柄の知識を学習に生かすことができています

B **生き生きとした表情で** ➡ 目を輝かせながら

エピソード❹ 発想が豊かな子 Type 04

理科の「てこのはたらき」の実験で、支点、力点、作用点の関係を応用したゲームをつくり、理解を深めた。

● POINT

「てこのはたらき」を理解するだけではなく、遊びに取り入れながら理解を深めることのできる発想力の豊かさを伝えます。

文例① 理科の「てこのはたらき」では、支点、力点、作用点の関係を理解し、さらに独自にゲームを開発しました。遊びを通して理解を深めるなど、**発想の豊かさを感じます**[A]。 観点〉2

文例② 理科の実験には、「なぜだろう」という疑問を常にもって取り組み、いろいろな角度から試行錯誤して解決することができます。**豊かな発想の持ち主です**[B]。 観点〉2

言い換え表現

A **発想の豊かさを感じます** ➡ ○○さんの考え方には友だちの目をひきつけるものがあります

B **豊かな発想の持ち主です** ➡ 多様なものの見方ができています

エピソード❺ まわりのために動ける子 Type 05

「月の形と太陽」の学習に興味をもち、進んで実験に取り組んでいた。

● POINT

なぜ月の見え方が変わるのかということに関心を寄せ、どのようにしたら調べることができるのかを考えることができたことを評価します。

文例① 理科の「月の形と太陽」の学習では、どうして月の形が変わって見えるのかに興味をもちました。ボールを使ったモデル実験に進んで取り

組み、月と太陽の位置関係の変化によるものであることを**理解することができました**[A]。観点2

文例② 理科の「月の形と太陽」の学習では、ボールと明かりを使えば実験できることを思いつき、進んでモデル実験を行いました。自分が理解するだけではなく、**友だちの理解を深めるきっかけとなりました**[B]。観点2

言い換え表現

A ～を理解することができました ➡ ～に気づくことができました

B 友だちの理解を深めるきっかけとなりました ➡ クラス全体の学びを深めることにつながりました

エピソード⑥ クラスをまとめる子 Type 06

理科の学習「命の誕生」で学んだことを生活の中でも生かしている。

POINT
理科の学習「命の誕生」で学んだことを、道徳で学んだ「命の大切さ」に生かし、生活態度が変わってきたことを評価します。

文例① 道徳で「命の大切さ」について話し合い学習をした際には、理科の学習で「命の誕生」について学んだことから自分なりに考えた命の大切さについて発表しました。○○さんの「生まれてきたことを両親に感謝したい」という言葉は、クラスのみんなに感動を与え、**命の大切さについて深く考える**[A]きっかけとなりました。観点2

文例② 理科で「命の誕生」を学んだことから、生命の不思議について関心をもつようになりました。その後、道徳で「命の大切さ」を学んだことで、命の尊さを強く感じ、友だち同士でも**思いやりのあるかかわり方**[B]ができるようになりました。観点2

言い換え表現

A 命の大切さについて深く考える ➡ 命を大切にしたいという思いを新たにする

B 思いやりのあるかかわり方 ➡ 相手を尊重すること

観点1…知識・理解／観点2…思考・判断・表現／観点3…主体的に学習に取り組む態度

学習
国語
社会
算数
理科
音楽
家庭
図画工作
体育
道徳
外国語
その他

エピソード7　積極的に自己表現できる子

Type 07

実験を経て、「こうしたらどうなる?」「条件が違ったら?」など、疑問や気づいたことをその場で発言し、学級に学びを広げた。

POINT

まず、積極的に授業に参加しようとする態度を認めます。また、授業中の発言やつぶやきが学級に学びを広げていることなど、周囲とのかかわりを書くと、その子の行動がより意味のあるものになります。

文例①　理科の「ふりこ」の実験で、常に**好奇心をもって取り組んでいました**[A]。「なぜ?」「どうして?」と疑問をもったことはその場で解決しようと努め、理解を深めました。**観点2**

文例②　理科の「水溶液の性質」では、試験管の中の液体が何かを調べる方法について考え、匂いや色に着目した仮説を立てて実験をすることができました。**グループで活発に意見を交換し**[B]、根拠を述べながら結論を発表することで、理解を深めました。**観点2**

文例③　「ふりこ」の実験では、ふりこの重さや振れ幅を変えてもふりこが一往復する時間が変わらないことを不思議に思い、自主的に何度も条件を変えて実験しました。何度も教師に質問し、**納得できるまで問題に取り組む**[C]姿勢に、理科への深い関心が見えます。**観点3**

言い換え表現

A 好奇心をもって取り組んでいました ➡ 意欲的に行動していました

B グループで活発に意見を交換し ➡ 友だちと話し合いを重ね

C 納得できるまで問題に取り組む ➡ 理解できるまで追及しようとする

エピソード8　友だちとのかかわりがよくできる子

Type 08

授業の話し合い活動の中で、自分の考えを主張しながらも友だちの考えを尊重していた。

POINT

理科の実験で、考えを出し合う場面において、自分の考えを押しつけるのではなく、友だちの考えも聞きながらまとめようとしているところを評価して伝えます。

文例① 理科の実験で、グループで実験結果から得られたことをまとめる話し合いをしたときに、考えが異なる友だちの意見にも「なるほど！」「そういう考え方もあるね」と**相づちを打ち**[A]、グループの意見をまとめていきました。**観点2**

文例② 理科の実験では、仮説を立てて予想するときに、友だちの**考えを上手に引き出す**[B]ことができます。○○さんの班は、いつもスムースに実験が進み、よい結果を導き出しています。**観点2**

言い換え表現

A 相づちを打ち ➡ 友だちの意見をよく聞いて受け入れ

B 考えを上手に引き出す ➡ 意見に真剣に耳を傾ける

エピソード9 さまざまな場面でよさを発揮する子 Type 09

自由研究に興味をもつ題材を選び、独自の方法でユニークな調べ学習を行った。

POINT
興味のあることを見つけ、探究を始める自立学習ができたことに着目します。よかった点を具体的に挙げることがポイントです。

文例① 自由課題に選んだ「キノコの研究」では、キャラクターを作って物語に仕立てたり、道端で見つけたキノコをスケッチするなど、**独自の方法で**[A]研究を進めました。ここで身につけた学ぶ姿勢は、貴重な財産となると思います。**観点2**

文例② 電流のはたらきで学習したことにさらに興味をもち、「電池を作る」自由研究に取り組みました。電池の作り方をインターネットや本などで調べ、いろいろな材料で試したことを写真などで記録してまとめることができました。実物を見せながらモーターを回す実験をして、友だちの称賛を受け、次の課題に向かって研究をしていきたいと**意欲を高めることができました**[B]。**観点3**

言い換え表現

A 独自の方法で ➡ ユニークな工夫を加えて

B 意欲を高めることができました ➡ 前向きな姿勢が見られました

観点1…知識・理解／**観点2**…思考・判断・表現／**観点3**…主体的に学習に取り組む態度

エピソード⑩　人望がある子

Type 10

実験をするとき、少し面倒な準備や片づけを率先して行い、クラスの見本になった。

POINT

人が嫌がる仕事を率先して行う心情を評価し、その行動がクラスのみんなに広がっていったことを伝えます。

文例①　理科の実験のときには、汚れ一つ残らないようにビーカーを洗ったり、流し場の掃除をしたりしており、みんながやりたがらない仕事**を率先して行います**[A]。自分たちが使った場所や物を次に使う人たちが気持ちよく使えるようにと考えて行動に移すことができます。

文例②　クラスでは、自分から人のために役立つことをしようと呼びかけていますが、いちばん実践しているのが○○さんです。理科の実験後の片づけのときには、いつも最後まで残ってすべての机の上を雑巾がけしたり、椅子を整理整頓したりしています。その姿はクラスの見本になっており、**少しずつみんなに広がっていきました**[B]。

文例③　理科の実験で、自分のグループの片づけが終わったあと、他のグループの片づけを手伝っていました。他人に気を配り、**積極的に手伝おうとする姿勢**[C]に友だちも感心しています。

言い換え表現

A **～を率先して行います** ➡ ～でも進んで行動することができます

B **少しずつみんなに広がっていきました** ➡ だんだんとまわりの友だちが真似するようになりました

C **積極的に手伝おうとする姿勢** ➡ 進んで行動できるやさしさ

エピソード⑪　特別な支援で力を発揮できる子

興味・関心をもっている昆虫の知識を生かして、学習に取り組んでいた。

POINT

興味・関心をもっていることやその知識を、学習でどのように活用できたかを示します。発表の様子など、積極的に活動している様子を伝えられるようにします。

文例① 理科「冬の生物」についての学習では、「成体で冬を越す昆虫もいる」など、知識を生かした表現でまとめていました。興味・関心の高い分野での知識には、**光るものがあります**[A]。**観点1**

文例② 理科の「生物のくらしと環境」の学習では、自分から手を挙げて**積極的に発言する**[B]ことができました。「昆虫の中には、植物を食べる昆虫と動物を食べる昆虫がいる」ということをノートにまとめることもでき、意欲的に学習に取り組むことができました。**観点1**

言い換え表現

A 光るものがあります ➡ 目を見張るものがあります

B 積極的に発言する ➡ 自分の考えを活発に発表する

エピソード⑫ 所見を書きにくい子

Type 12

テストの点数ばかりを気にして、周囲と比較したり、成績への劣等感を感じている。

POINT

テストの点数だけでは測れないような、小さな頑張りを認めましょう。今の自分の力を認め、自信をもたせましょう。

文例① テストが返ってきたら、点数を気にするよりも、自分がどこをどう間違えたのかをまず見直す姿勢が身についてきました。結果だけを気にするのではなく、**自分なりの目標を立て**[A]、努力ができるようになったことに大きな成長を感じます。

文例② 実験の準備や片づけに最後まできっちりと取り組むなど、**地道な努力を続けていく**[B]ことができています。テストの点数だけにとらわれず、自分なりの目標を設定して努力を続けていくことで、確かな力を身につけることができるでしょう。

言い換え表現

A 自分なりの目標を立て ➡ 今の自分の力に合わせた目標を設定し

B 地道な努力を続けていく ➡ 誠実な姿勢で授業に参加する

Subject

音楽

友だちへの心遣いや表現しようとする姿勢を所見にしよう

エピソード❶ まわりのために動ける子

Type 05

音楽の時間に、楽器の演奏で困っている友だちに、さりげなく教えることができた。

● POINT

まわりの友だちが困っていることに気づく感性と、何とかしてやりたいという姿勢を評価します。

文例① 楽器の演奏が苦手で困っている友だちに気づき、教えてあげることができました。友だちが○○できるようになったことを、**自分のことのように喜んでいました**[A]。

文例② 音楽の時間、合奏の練習中に、音がとれずに困っている友だちに進んで声をかけ、自分の演奏を手本にしながら教えていました。まわりへの気づきとやさしい行動が**学級の一体感を高めました**[B]。

言い換え表現

A 自分のことのように喜んでいました ➡ 自分の達成感として受け止めることができました

B 学級の一体感を高めました ➡ クラスのまとまりを強くしました

エピソード❷ 積極的に自己表現できる子

Type 07

うたったり、プレゼンテーションをしたり、劇化をしたりするときに自然に自分を表現できる。

● POINT

音楽の時間や英語の時間にうたったり、自己紹介のプレゼンテーションをしたりするときに大きな声で、身ぶり手ぶりを入れながら表現できるところを評価して伝えます。

文例① 音楽の時間には、大きな声で表情豊かに歌をうたい、手本となっています。映画の主題歌をすぐに覚えて、**臆せず明るく元気にうたう**[A]ことができます。観点▶1

文例② 音楽の授業では、曲の流れを思い浮かんだ言葉でわかりやすく説明し、みんなの曲想のイメージを広げることができました。**自分をありのままに表現できる**[B]のは、○○さんの天性の持ち味です。観点2

言い換え表現

A **臆せず明るく元気にうたう** ➡ クラスの雰囲気を盛り上げる
B **自分をありのままに表現できる** ➡ 積極的に自己表現できる

エピソード③　友だちとのかかわりがよくできる子　Type 08

友だちと楽器練習に取り組み、友だちの成長をともに喜んでいた。

POINT
自らも熱心に練習に取り組みながら、友だちの成功を一緒に喜ぶことのできるやさしさを評価できるようにします。

文例① 合奏で鉄琴の担当になり、休み時間にも進んで練習し、美しい音色で演奏できるようになりました。また、友だちと一緒に練習し、教え合ったり合格を一緒に喜んだりしながら、**楽しく練習に取り組む姿**[A]も素晴らしいと思いました。観点1

文例② 学級の合唱練習では、練習すべき課題を示したり、上手になったことをみんなに伝えたりすることで、**学級の自信を深め**[B]、本番ではクラス全員が生き生きとした歌声を響かせることができました。観点2

言い換え表現

A **楽しく練習に取り組む姿** ➡ 助け合って成長していこうとする姿勢
B **学級の自信を深め** ➡ その積極性がクラス全体に波及し

エピソード④　特別な支援で力を発揮できる子　Type 11

苦手な授業でも離席が少なくなり、取り組もうとする意欲が感じられるようになった。

POINT
板書したことをノートに写すようになった、楽器を演奏できるようになったなど、意欲的な姿勢が見られるようになったことを具体的に記述します。

観点1…知識・理解／観点2…思考・判断・表現／観点3…主体的に学習に取り組む態度

文例① 離席がほとんどなくなり、**授業内容に耳を傾ける**[A]ようになりました。自ら手を挙げて、知っていることを発表し、確かめようとする意欲もあります。**観点1**

文例② 楽器演奏の得意な友だちに指使いのお手本を見せてもらいながら、演奏の練習に取り組んでいます。授業中の離席も減り、**授業に対する意欲**[B]が高まっています。**観点1**

言い換え表現

A 授業内容に耳を傾ける ➡ 授業中に積極的に質問する

B 授業に対する意欲 ➡ 授業に参加しようという気持ち

エピソード5　所見を書きにくい子

Type 12

うたうことに苦手意識をもっていたが、式典の練習をきっかけに口を開けてうたうことができるようになってきた。

POINT

口を開けてうたわないことを指摘するのではなく、まわりと比べて満足できない出来だとしても、その子にとっての成長を見逃さずに評価します。

文例① 5・6年生合同での○○周年式典の合唱練習をきっかけに、**下級生に見られても恥ずかしくない**[A]うたい方をしたいと思うようになりました。休み時間にも練習を重ね、その想いがうたい方や姿勢に表れるようになってきました。最近では、背筋を伸ばして口をしっかりと開けてうたうことができるようになってきています。**観点1**

文例② 合同合唱練習をきっかけに、うたうことの楽しさに気づき、口を大きく開けて気持ちよくうたうことができるようになってきました。**アドバイスされたことを素直に聞き入れ**[B]、改善しようという気持ちが、○○さんの成長の原動力となっています。これからも素直な気持ちで練習を続けていくことで、より大きな成長が期待できます。**観点1**

言い換え表現

A 下級生に見られても恥ずかしくない ➡ 後輩の見本になるような

B アドバイスされたことを素直に聞き入れ ➡ 指摘を率直に受け入れ

Subject 家庭

意欲的な態度や普段の経験から表れる知識や技術に着目しよう

エピソード❶ 知識が豊富な子 Type 03

調理実習では、家庭でのやり方をもとに、味つけの仕方や食材の切り方を工夫して料理を作ることができた。

POINT
料理に興味があって、おいしい料理を作りたいという意欲と料理の知識と技術を評価します。

文例① 調理実習では、食べる人のことを考えて食材によって切り方を変えてポトフを作ることができました。味つけもコンソメだけでなく、家で食べているものを参考にしながら、隠し味を工夫して作る様子が印象的でした。味見をした友だちは「○○さんのポトフが一番おいしい」と口々に言っていました。おうちでのお手伝いが**生かされた瞬間でした**[A]。
観点2

文例② 食材はすべて一口サイズに切り、食べる人のことを第一に考えたジャガイモグラタンを調理実習で作ることができました。グループの友だちは、何度も○○さんに切り方や味つけの仕方を聞き、○○さんはその都度、的確に指示を出し、誰もが認めるおいしいグラタンができ上がりました。その成果は、試食をしているときの○○さんの**満足そうな笑顔に表れています**[B]。観点2

言い換え表現

A 生かされた瞬間でした ➡ 実を結んだようです／成果として表れました

B 満足そうな笑顔に表れています ➡ 笑顔の輝きから見て取ることができます

エピソード❷　積極的に自己表現できる子

Type 07

家庭科の話し合いで、自分が体験したことや、家族から教えてもらったことを積極的に発表した。そして具体的な内容で説明することができ、知識を共有することができた。

● POINT
気づいたことを、言葉を選びながら人に伝わるように話していたことを評価します。

文例①　授業の中で、気づいたことや自分の考えを積極的に発言します。以前に習ったことや、**豊富な生活体験**[A]をたとえにして、わかりやすく説明することができるので、わからなかった友だちもうなずきながら真剣に耳を傾けていました。**観点 2**

文例②　家庭科の「寒い季節を快適に」の学習では、自分が体験したことを進んで発表することができました。あたたかく過ごすための工夫を具体的に話し、**話し合いを活発にさせる糸口を示しました**[B]。**観点 1**

言い換え表現

A 豊富な生活体験 ➡ 家庭での手伝いの経験

B 話し合いを活発にさせる糸口を示しました ➡ 話し合いが広がるきっかけをつくりました

エピソード❸　友だちとのかかわりがよくできる子

Type 08

実習などで、自分の役割をきちんと果たし、友だちと協力しながら取り組めた。

● POINT
めあてを達成するためには、自分の役割をしっかりと果たし、友だちとの協力が必要であることを意識させ、頑張っていた姿を認めることでさらに意欲をもたせます。

文例①　ごはんとみそ汁を作る調理実習では、早く家庭科室に行き、米を研いできちんと水を量って準備することができました。調理台の上のゴミをきれいに片づけ、友だちの分担も手伝って**協力して調理する**[A]ことができました。**観点 2**

文例②「わたしたちにできること」では、ランチルームにタペストリーを贈る**計画を立て**[B]、ケーキの図案をフェルトで丁寧にアップリケにすることができました。一枚一枚を糸でつなぎ合わせる作業を友だちと協力しながら仕上げ、素晴らしい作品を学校に残すことができました。**観点2**

言い換え表現

A 協力して調理する ➡ 力を合わせて作業に取り組む
B 計画を立て ➡ プランを提案して話し合い

エピソード④ 人望がある子 Type 10

ミシンを使って作品づくりをする際に、自分の作業が終わってから、作業がゆっくりな友だちの手伝いをすることができた。

POINT
まわりの様子に目を向けていること、気づいたことを行動に移すことができていることを評価し、それがまわりの友だちにも影響を与えていることを伝えます。

文例① 家庭科の生活に役立つ物作りでは、ミシンを使ってクッションを作り上げました。自分の作業が終わるとペースがゆっくりな友だちに、布を押さえてあげたり、ミシンの準備をしてあげたりすることができました。自分に何かできることはないかと考えて、**友だちにやさしく手を差し伸べてあげられる**[A]ようになったのは、大きな成長です。**観点2**

文例② 間違えた部分をミシンで縫ってしまった友だち**が途方に暮れていたとき**[B]、一番に手を差し伸べたのは○○さんでした。何も言わずにリッパーで糸をほどいていき、縫い直しをするところまで一緒にやってあげることができました。○○さんの行動は、まわりの友だちへと広がり、互いに助け合う大切さをクラスみんなが感じることができました。**観点2**

言い換え表現

A 友だちにやさしく手を差し伸べてあげられる ➡ 他人への気配りが行動として表れる
B 〜が途方に暮れていたとき ➡ 〜の困った様子を見かけて

Subject

図画工作

イメージの豊かさや創作意欲を価値づけるようにしよう

エピソード❶　一芸に秀でた子

Type 02

作りたい物のイメージを自分で考えることができ、そのイメージにあった工法を自分で考えて工夫していた。

● POINT

作りたい物が頭に浮かんでも、それを形にするのは子どもにとって難しい作業です。イメージに近づくために、作り方を工夫したり細かい作業にもじっくり取り組んだりできる集中力を評価して伝えます。

文例①　図画工作では、どの作品も自分が作りたい物のイメージを膨らませてそれを形にすることができます。また、**手先をよく動かし工夫することができるので、発想を生かす技能が身についてきています**[A]。観点2

文例②　図画工作では、テーマや材料からイメージを膨らませて自分の作りたい物を確実に考えることができます。どのようにすれば作りたい物が作れるのかを考えて**細かい作業にもじっくり取り組み**[B]、イメージに合う作品を作り上げることができました。発想力とともに**創意工夫する力が高まってきていることを感じます**[C]。観点2

言い換え表現

A 手先をよく動かし工夫することができるので、発想を生かす技能が身についてきています ➡ 発想を生かしながら作品を作り上げる技術が養われています

B 細かい作業にもじっくり取り組み
➡ 集中して作業に取り組み

C 創意工夫する力が高まってきていることを感じます ➡ 創造力が豊かになっています

エピソード❷　発想が豊かな子　Type 04

型にとらわれず、他の子とは違う形や色使いを工夫し、作品を完成させることができた。

● POINT
他の子とは違う角度から作品を仕上げていったことを評価します。その子のキラリと光るポイントを見逃さないようにしましょう。

文例① 展覧会では、友だちとは違う発想で作品を作りました。「みんなと違うほうが、すぐに見つけてもらえる」と**達成感に満ちた表情**[A]で、完成した作品を嬉しそうに眺めていました。 観点2

文例② 図工の平面作品では、使う色をあえて限定し、統一感のある作品を仕上げました。限られた色の中で、濃淡を工夫することで光の当たり方を表現したり、細部にこだわった描き方をしたことで、**存在感が際立ち**[B]、友だちからも称賛の嵐が巻き起こりました。 観点2

文例③ 彫刻刀を使った作品づくりでは、完成形をイメージしながら、どの種類の刃を使えばいいのか、どう彫ればイメージに近づけられるのかと入念に検討し、**創造性あふれる素敵な作品を仕上げました**[C]。完成した作品を見た友だちからは、感嘆の声が上がっていました。

言い換え表現

A **達成感に満ちた表情** ➡ 充実感を得た様子／満足感を得た様子

B **存在感が際立ち** ➡ 友だちの目にも留まり

C **創造性あふれる素敵な作品を仕上げました** ➡ 独創性を感じさせる作品を完成させました

エピソード❸　まわりのために動ける子　Type 05

グループ活動で、班の友だちと協力して声をかけ合い、楽しく作品を作ることができた。

● POINT
グループで活動する場面では、まわりをよく見渡して協力する姿勢を評価するとよいでしょう。自分のことばかり優先するのではなく、みんなのことを思いやるやさしさに着目します。

観点1…知識・理解／観点2…思考・判断・表現／観点3…主体的に学習に取り組む態度

学習 国語 社会 算数 理科 音楽 家庭 図画工作 体育 道徳 外国語 その他

文例① グループ活動では、次にやるべきことを予測し、**進んで**[A]声をかけ合いながら、作業を進めることができました。「ボンドを使っていいよ」と自分のことを後回しにしてでも、友だちのことを**思いやる**温かい心が育っています。**観点2**

文例② 絵の具のおもしろい塗り方のアイデアを自ら発見し、進んで同じグループの友だちに紹介し、**みんなで楽しみをわかち合い**[B]、表現力や作業スピードを高め合うことができました。**観点2**

言い換え表現

A 進んで ➡ 積極的に／意欲的に

B 思いやる ➡ 助ける／見守る

C みんなで楽しみをわかち合い ➡ 他人と協働して期待感をもちつつ

エピソード4 所見を書きにくい子 Type 12

なかなか授業に集中することができなかったが、図工の作品づくりには集中して取り組むことができた。

POINT

普段は集中力が途切れてしまうことがある子でも、夢中になっている事柄を指摘します。図工の作品づくりなどを通して、ひとつの活動に工夫して取り組もうとする集中力や想像力を評価します。

文例① 図工の「○○」の時間では、作品をいろいろな角度から見ながら丁寧に仕上げていました。**じっくりと考えながら**[A]、集中して作業に取り組むことができるようになってきました。

文例② 図工の「○○」の時間では、作品のイメージを膨らませながら、**集中して作業に取り組んでいました**[B]。どの角度から見てもバランスがよいように見直し、細部まで丁寧に仕上げました。**観点2**

言い換え表現

A じっくりと考えながら ➡ 納得いくまで思考をめぐらせながら

B 集中して作業に取り組んでいました ➡ わき目も振らず作業に没頭していました

Subject

体育

目標に向かって努力する姿勢や協調性などを評価しよう

エピソード❶

こつこつ頑張る子 Type 01

めあてを決めて練習をくり返すことで、二重跳びができるようになった。

POINT

めあてを決めてこつこつ取り組んだことを評価することが、これからも努力を重ねていこうという子どもの意欲につながります。

文例① 毎日、休み時間に二重跳びの練習に取り組み、目標の20回を跳ぶことができました。めあてを決め、それに向けて**努力を重ねる**[A]姿勢が素晴らしいです。観点1

文例② 学校でも家でも練習を重ねていた二重跳びを、跳べるようになりました。嬉しそうに跳ぶ姿から、粘り強く取り組んだ**達成感を味わっている**[B]ことがよくわかります。観点1

言い換え表現

A 努力を重ねる ➡ こつこつ取り組む／粘り強く取り組む

B 達成感を味わっている ➡ 成果だと感じている

エピソード❷

一芸に秀でた子 Type 02

学級で一番強いシュートを打ち、体育や休み時間でのサッカーで、その力を頼りにされていた。

POINT

強いシュートを打つ事実のみに焦点を当てるのではなく、それが友だちとのかかわりの中で認められていることを伝えることで、子どもに自信をもたせます。

文例① 体育や休み時間のサッカーでは、チームが負けそうになったときや逆転のチャンスが来たときに、クラスでいちばん強いシュートが打てる○○さんにボールが集まります。友だちからのパスを嬉しそうに受け取る姿から、友だちとのかかわりの中で**自信を深めている**[A]ことがわかります。観点2

文例② 体育のサッカーの学習では、○○さんの豪快なシュート**にクラスのみんなが憧れの眼差しを向けていました**[B]。自分も○○さんのようなシュートを打てるようになりたいと思う友だちに、やさしくわかりやすくシュートの打ち方を教えてあげることができました。**観点 2**

言い換え 表現

A 自信を深めている ➡ 自分の力を信じられるようになっている

B ～にクラスのみんなが憧れの眼差しを向けていました ➡ ～を周囲の仲間が目標としていました

エピソード③ 一芸に秀でた子

Type 02

走る、跳ぶ、泳ぐなどの運動能力が高く、常に高みを目指して練習している。

POINT

運動能力が高いことだけではなく、常に記録に挑戦しようという意欲があることを具体的に評価します。

文例① 体育係となり、用具の準備や練習を率先して行っています。ハードル走はタイミングを合わせるのが難しいのですが、高い運動能力ですぐにコツをつかみ、**意欲的に記録に挑戦しました**[A]。**観点 1**

文例② 水泳記録会では、個人種目の他にリレーの選手に選ばれ、チームをリードしました。持ち前の身体能力の高さに加え、**自主練習をしっかりとやった**[B]ことで、記録更新につながりました。**観点 2**

文例③ 体育のサッカーの学習では、足の速さを生かしてゴール前に走り込んでパスを受け、何本もシュートを決めてチームの得点源となりました。持ち前の運動能力に加え、チームワークの中で**自分の技術を生かす**[C]ことを学ぶことができました。**観点 2**

言い換え 表現

A 意欲的に記録に挑戦しました ➡ タイムをぐんぐん縮めています

B 自主練習をしっかりとやった ➡ 意欲をもち練習を重ねた

C 自分の技術を生かす ➡ 自分に適した役割に徹する

エピソード④ まわりのために動ける子 Type 05

自分ができることをやるだけでなく、運動が苦手な子にも積極的にかかわり、上達させることができた。

POINT
友だちの活動に目を向け、友だちをサポートする姿勢が立派であることや、誰かのために自分に何ができるか考える姿勢など、内面の成長を伝えていきましょう。

文例① 得意の鉄棒で、自分ができる技を紹介するだけでなく、できない友だちの補助に入ったり、技のポイントを教えたりしながら、**学習を進める**[A]ことができました。観点2

文例② 鉄棒の学習では、苦手な友だちの補助をしていました。できるようになった友だちから感謝され、友だちのために**自分が貢献できることの喜び**[B]を感じられたようです。観点2

言い換え表現

A 学習を進める ➡ 自分の技も高めていく
B 自分が貢献できることの喜び ➡ 率先して活動する楽しさ

エピソード⑤ まわりのために動ける子 Type 05

けがで体育を見学しているとき、道具の準備などを進んで手伝い参加した。

POINT
けがで授業に参加できなくても、自分にできることを考え、参加しようとする意思を示せたことを評価します。

文例① けがをして体育を見学することが多くなってしまいましたが、「手伝うことはありませんか？」と必ず言いに来て、ハードルを何回も運んでいました。**自分にできることを探して実行できる行動力が素晴らしいです**[A]。観点2

文例② 大好きな体育を見学しなければならないことは、つらいことだと思いますが、不平不満を言わずに、できる範囲で、準備や片づけの手伝いをすることができます。人のために動けることを、**これからもいろいろな場面で生かしていきましょう**[B]。観点2

観点1…知識・理解／観点2…思考・判断・表現／観点3…主体的に学習に取り組む態度

言い換え表現

A **自分にできることを探して実行できる行動力が素晴らしいです** ➡ 自分にできることがないかを考え実行できる行動力を、これからも大切にしてほしいです

B **これからもいろいろな場面で生かしていきましょう** ➡ ○○さんの特技として活用していきましょう

エピソード⑥ クラスをまとめる子 Type 06

サッカーのリーダーに選ばれ、みんなが楽しめる雰囲気をつくり、チームで楽しく活動していた。

● POINT
チーム全員の技の向上を目指して、基本の練習を教えたり、失敗しても「ドンマイ」と声をかけたりするので、みんなから信頼され、リーダーに選ばれていることを評価します。

文例① サッカーのリーダーに選ばれ、ボールに慣れていない友だちにも**やさしくアドバイスをしたり**[A]、失敗しても明るく励ましたりしていました。
観点2

文例② リーダーの役割を理解し、みんながサッカーを楽しめる雰囲気を**つくり出そうとする姿勢**[B]に、学習に対する意欲の高まりを感じました。
観点2

言い換え表現

A **やさしくアドバイスをしたり** ➡ 基本の練習を教えたり

B **つくり出そうとする姿勢** ➡ つくろうとする心遣い

エピソード⑦ クラスをまとめる子 Type 06

体育の学習で、チーム全員がボールに触れるように、リーダーシップを発揮していた。

● POINT
みんなの先頭に立ってチームを引っ張ったり、力を発揮したことを評価することで、子どもも保護者も喜ぶ所見になるようにします。

文例① 体育のバスケットボールでは、全員にパスを回すことを目標に、ゴールを目指しました。○○さんの**元気なかけ声に励まされ**[A]、チーム全員がボールに積極的に向かえるようになりました。**観点2**

文例② 体育のバスケットボールでは、全員がボールに触れるように、走る場所**を教えたり**[B]、声をかけてパスを回したりしていました。リーダーシップを、みんなの学習のために生かそうとする姿勢が見られました。
観点2

言い換え表現

A **元気なかけ声に励まされ** ➡ リーダーシップに奮起し

B **〜を教えたり** ➡ 〜の指示を出したり

エピソード⑧ 友だちとのかかわりがよくできる子

Type 08

チームの和を大切にし、リーダーとしてまわりによく目を向けて活動することができた。

● POINT

運動が得意な子も苦手な子も全員で目標を達成していこうとする態度を認めること、またその中でも率先してクラスを引っ張っていく子を評価することで、よりよい学級になります。

文例① サッカーの学習では、チームリーダーとなり、味方の動きを生かしたプレイをほめ、ミスをした仲間に対しては「ドンマイ」などの声かけをしました。○○さんのおかげで、**みんなにチームプレイの意識が育ちました**[A]。**観点2**

文例② サッカーの学習では、みんなのよいチームリーダーとなりました。○○さんが生み出した、勝敗だけにこだわらず「みんなでやろう」という温かい雰囲気が、男女の仲がよい○組の**原動力となっています**[B]。**観点2**

文例③ 体育では、サッカーのリーダーに選ばれました。ボールの扱いが苦手な子にアドバイスをしたり、失敗しても明るく励ましたりするなど、リーダーとしての責任を意識した行動に、○○くんの学習に対する**意欲の高まりを感じました**[C]。**観点2**

言い換え表現

A **みんなにチームプレイの意識が育ちました** ➡ みんながチームプレイの大切さを理解しました

B **原動力となっています** ➡ リーダー的な存在となっています

C **意欲の高まりを感じました** ➡ 意識の向上を見て取ることができます

エピソード⑨　友だちとのかかわりがよくできる子　Type 08

体育の学習で、キャプテンとしてチームワークを高める行動をしていた。

● POINT
自分のことよりもチームのことを考えた言動を評価します。チーム力を高めるための工夫をしたことや、チームメイトのことを考えた声かけをするなど、リーダーとしての力が育っていることを評価します。

文例① 体育のバスケットボールの学習では、チーム力を高めるために、パスやシュートの仕方を工夫したり、具体的にチームメイトにアドバイスをしたりして、キャプテンとして**チームのみんなが活躍できるようなチームづくりをしていました**[A]。観点 2

文例② 長縄の練習のとき、リズムよく跳べるように「ハイ、ハイ……」と大きなかけ声をかけ、失敗した友だちには、「ドンマイ！」とすかさず言って励ますなど、**学級の意欲**[B]を高めていました。学年で一番の記録を出すことができたのは、○○さんの力が大きかったと思います。観点 2

文例③ 体育のバスケットボールの学習では、チームのキャプテンとしてパスを効果的に使う作戦を練り、チームのメンバーがそれぞれ**得意な技術を生かせる**[C]ようなチームづくりを成功させました。観点 2

言い換え表現

A **チームのみんなが活躍できるようなチームづくりをしました** ➡ 作戦やめあてをチームのみんなが楽しめるものにしようとしていました

B **学級の意欲** ➡ 記録をさらによくしたいという気持ち

C **得意な技術を生かせる** ➡ 自分の役割をもって活躍できる

Subject 道徳

考えの広がりや深まり、新たな気づきを得た様子を見取ろう

エピソード❶ こつこつ頑張る子 Type 01

話し合いでは発言をしなかったが、ワークシートには自分の考えを丁寧に書き込んでいた。

POINT
高学年になると、発言はしないけれどもワークシートには自分の考えや思いを詳しく書く子どもが見られるようになります。自己を見つめる学習は、道徳科の目標の一つなので、とても大切な姿です。

文例① 互いに理解し合うことについて考えました。「今日の道徳で、考えをよく聞き合うともっとよい関係になれると気づきました。自分の意見に反対されるとムカッとしてしまうので、相手の話をよく聞けるようになりたいです」と、**自分の思いや課題を培っていました**[A]。

文例② 自然を愛護することについて考えました。友だちと話し合ったことをもとに、「旅行で見た海の美しさが忘れられない。プラスチックごみ削減に自分も協力したいです」と、**自分のこれからの生活を見つめ**[B]、ワークシートに書きました。

言い換え表現

A 自分の思いや課題を培っていました ➡ 自分自身を見つめていました／自分の目標を見つけていました

B 自分のこれからの生活を見つめ ➡ 自分のこととして考え

エピソード❷ 一芸に秀でた子 Type 02

自分の体験に、どのような意味があったかのかを振り返り、その価値について考えを深めた。

POINT
高学年の児童の中には、困難な壁に当たりながらも力をつけていく子どもがいます。そうなるまでには、困難な壁にも当たったはずです。乗り越えようとする気持ちが尊いことを考えさせ、評価につなげたいです。

文例① 努力することについて考える学習では、「サッカーではレギュラー選手になりたい。もっと上手になりたいから、つらいときも練習だけは絶対に休まない」と、努力する自分を見つめ、その価値について**考えていました**[A]。

文例② よりよく生きることについて考えました。「諦める、逃げ出すなどの弱い気持ちは誰にでもある。それを乗り越えるから感動があるのだとわかりました。受験勉強は大変だけど、結果にこだわらず、弱い自分には負けないようにしたいです」と自分を見つめ、**ワークシートに書きました**[B]。

言い換え表現

A 考えていました ➡ 見つめていました

B ワークシートに書きました ➡ 思いや課題を培っていました

エピソード③ 知識が豊富な子 Type 03

教材文を読み終えた途端に「この話はおもしろい。話し合いたい」とつぶやいた。

POINT

エピソードは、教材文で気持ちが揺さぶられ、自ら問いを発した姿と考えます。よい教材、教材提示が大切です。道徳科の「議論」は、理論を戦わせることではなく、自分事として実感を伴った言葉で話し合うことです。

文例① 正直であることについて考える学習では、教材文を読み終えると、「正直に言うかどうか、迷っているところを話し合いたいです」と、述べました。教材に自分の気持ちを重ね、友だちの考えも聞きたいと思う、**自ら学ぶ姿**[A]でした。

文例② 人の心の美しさに感動する気持ちについて考える授業では、教材文を読み終えると、「すごい」とつぶやきました。そのあとの話し合いでは、友だちの思いを聞いて「そうか、そこか」と**自分とは違う感じ方を受け入れながら**[B]学習を深める姿がありました。

言い換え表現

A 自ら学ぶ姿 ➡ 主体的に学ぼうとする気持ちの表れ

B 自分とは違う感じ方を受け入れながら ➡ 感じ方の違いに関心をもって／友だちの意見にも共感をして

エピソード❹ 発想が豊かな子

Type 04

友だちの考えをきっかけに、さらに自分の考えが広がったことを意欲的に発表した。

POINT

道徳の目標「多面的・多角的に考え」という学習は、主体的・対話的で深い学びの実現につながる大切な学習です。高学年の子どもたちは、自分の見方、考え方が広がる学習に積極的になります。そのよさを見取ります。

文例① 規則正しい生活について考える授業では、「遅刻を親のせいにしている」という友だちの考えを聞き、「自分に原因があるのはわかっているはずなのに、親のせいだと言うのは甘えているのだと思います」と自分を律する**視点を投げかけ**[A]、話し合いを深めました。

文例② 公平な態度について考える授業では、「仲のよい友だちに投票したい」という友だちの考えを聞き、「友だちは、お情けで投票してもらっても嬉しくないはず。友だちだからという気持ちが不正のもとになるのではないでしょうか」と、**問題点**[B]を述べ、話し合いを深めました。

文例③ 自由と責任について考えました。話し合いのあと、自分を振り返り、「私が今まで考えていた自由というのは、ちょっと自分勝手なところがあったのかもしれません。人を不愉快にさせないように考えて行動していきたいです」と発言しました。自由と、それに伴う責任について、**考えを深めていました**[C]。

言い換え表現

A 視点を投げかけ ➡ 問題を提起して／意見を発表して

B 問題点 ➡ 考えを整理する意見／新しい視点

C 考えを深めていました ➡ 自分のあり方を見つめていました

学習 国語 社会 算数 理科 音楽 家庭 図画工作 体育 道徳 外国語 その他

エピソード❺　まわりのために動ける子

Type 05

みんなのために黙々と働く子どもが、授業の中で自分の働きの意味を見つめていた。

● POINT

子どもたちは、自分の言葉や行動の意義を考えながら生活はしていません。授業を通して高学年だからこそ考えられる価値に気づき、自分のよさを見つめることは、道徳科の目標にある「自己の生き方についての考えを深める」学習につながります。

文例① 働くことについて考えました。「先生や友だちが知らないところで働くのは損だと思うのではなく、人の役に立つことが嬉しいということを初めて考えた気がします」と**新たになった自分の価値観**[A]を見つめていました。

文例② 学校生活をよりよくすることについて考えました。「今までは、自分がおもしろいし、当番だからという思いで委員会の仕事をしていました。学校をよくするということを意識していきたいです」と**これからの自分**[B]について考えを深めていました。

言い換え表現

A 新たになった自分の価値観 ➡ 自分が働くことの意味／働く自分の気持ち

B これからの自分 ➡ よい学校にするための自分の役割

エピソード❻　クラスをまとめる子

Type 06

考えを述べた友だちの発言とつなげながら、それをもとに自分がどのように考えたのかを説明している。

● POINT

発表の段階から、高学年は、対話的な学習で学びが深まることにおもしろさを感じるようになります。一人の子どもの考えを、クラス全体に考えさせていくときに、このようなよさをもった子どもが活躍します。

文例① 生命の尊さについて考えました。「○○さんの発言を聞いて考えたのですが、知り合いでもない他人の命を守り抜こうとする気持ちがすごいです」と友だちとつなげて**自分の考え**[A]を述べ、一つしかない命の尊さについての話し合いを深めるきっかけをつくりました。

文例② 個性について話し合いました。「自分のよさは、考えにくい」という友だちの発言を受けて、「友だちのよさはわかるのに、○○さんの言うように自分のよさはわかりにくい。よさを伸ばすために、自分のよさをしっかりと見つけたいと思います」と発言しました。同じように感じている**多くの友だちが、深くうなずいていました**[B]。

言い換え表現

A **自分の考え** ➡ 人間関係に触れた考え

B **多くの友だちが、深くうなずいていました** ➡ 多くの友だちが自分を見つめるきっかけとなりました

エピソード⑦ 積極的に自己表現できる子 Type 07

友だちの発言を聞いて、深くうなずいたり、つぶやいたりして反応していた。そのことが、話し合いの深まりにつながっていた。

POINT
話し合いは、単なる「発表」ではなく、発言をつなぎながら深めていくことが大切です。このように反応する姿を見逃さず対話に生かし、深い学びにつなげます。つぶやきは授業をおもしろくします。

文例① 親切について考えました。友だちが「お礼を言われないなら、助けなければよかった」と発言すると、首をかしげながら「ううむ」とつぶやき、しばらく考えてから「お礼を言われたいから、誰かに親切にする人は少ないと思います。もともとはやさしい心からの親切だったはずです」と**自分の考えを述べました**[A]。

文例② 国際理解について考えました。「日本とは逆にご飯を手で食べたり、お茶碗を持たずに食べたりすることがお行儀がいい国もあります。知らないと失礼なことを言ってしまいます」と述べました。それをきっかけに、国による違いが話題になり、他国の文化を尊重することについて**考える授業になりました**[B]。

言い換え表現

A 自分の考えを述べました ➡「親切とは何か」について考えるきっかけをつくりました

B 考える授業になりました ➡ 話し合いが深まりました

エピソード⑧ 友だちとのかかわりがよくできる子 Type 08

話し合いのとき、自分が発表したいことだけでなく、友だちの考えに何度もうなずき、大切に受け止める姿が見られた。

POINT
自分の感じ方や考え方と比べながらさまざまな考えを聞くことは、道徳的価値についての理解を深める大切な学習です。高学年はそれを楽しいと思う発達の段階です。友だちの話をよく聞いて考える姿を認め、素晴らしいことだと、本人にも学級にも伝えてくことは大切な指導・評価となります。

文例① 友情について考えました。「友だちだと思っていたのに腹が立つ」という発言を聞いて、「確かに、こんなことを言われたら腹が立ちます。でも、自分のために言ってくれているのではないでしょうか」と、「忠告し合う友情」について**考えていました**[A]。

文例② 互いに理解し合うことについて考えました。「意見や趣味の合う人と仲よくしたい」という友だちの考えを聞いて、「確かにそう。でも考えがすべて同じ人はいないから、友だちと意見が違うこともあります。イライラしないないことが大事です」と、違う考えを聞く大切さについて**自分の考えを述べました**[B]。

言い換え表現

A 考えていました ➡ 話し合う機会をつくっていました

B 自分の考えを述べました ➡ 話し合うきっかけをつくりました／みんなにもう一度考える意見を発表しました

エピソード⑨ さまざまな場面でよさを発揮する子

Type 09

他教科では挙手はしないが、道徳の授業ではよく発言をする。日常のさまざまな体験が心の糧となっている姿が見て取れる。

POINT

道徳なら手を挙げて発言できる子どもは、少なくありません。人とのかかわりも感性も豊かな、そのような子どものよさを引き出し、学びにつなげていきます。

文例① 感謝する気持ちについて考えました。「私が1年生のときからずっと、通学路で安全を見守ってくれる地域の方に感謝したいです。天気の悪い日も立って声をかけてくれます。普通のことと思っていたけれども、そうではないと気づきました」と**自分自身の気持ちを振り返って発表しました**[A]。

文例② 家族について考える授業では、「親に毎日注意されるとうるさいな、と思ってしまうこともありますが、本当に自分のことを心配してくれるのも親。自分も親のために家の役に立ちたいです」と、家族の愛情に気づき、**自分ができることを考えていました**[B]。

言い換え表現

A 自分自身の気持ちを振り返って発表しました ➡ 感じ方の深まりをみんなに伝えました

B 自分ができることを考えました ➡ それに応えようとする自分を見つめていました

エピソード⑩ 人望がある子

Type 10

話し合いの場面では、手を挙げて自分の考えを発表しようとしないが、ワークシートには、その思いをたくさん書いている。

POINT

他者への思いやりがあり、勤労、努力をする子どもだから、縁の下でクラスを支えることができます。級友も、そのような子のよさを認めているはずです。それを学習に生かしていきたいです。

文例① 自由と責任ついて考える授業では、「誰かに迷惑をかけているなら、その自由は認められないと思います。自由はよいものだが、自分でよく考えて決めなくてはいけません」と、自由には他者の自由も大切に考える判断が必要なことについて**考え、ワークシートにまとめました**[A]。

文例② 探究心について考えました。先人の探究の話から「不思議や疑問に感じたことを、失敗しても何度も研究を続けていくのは本当にすごいです。人が感動するようなことは、こつこつ続けることから生まれると思いました」と**心動かされたことをワークシートに書きました**[B]。

言い換え表現

A 考え、ワークシートにまとめました ➡ 考えを深めていました

B 心動かされたことをワークシートに書きました ➡ 自分の気持ちを見つめていました

エピソード⑪ 特別な支援で力を発揮できる子

Type 11

教材に入り込みやすい手立てを講じたら、自分の思いを積極的に発表しようとした。つぶやきも、話し合いを深めるきっかけとなった。

POINT

道徳の学習は自分が同じ立場、状況に置かれたらどうするだろうかという自我関与して考えることが大切です。そのため学級にどのような支援を必要とする子どもがいるのかによって、板書の文字や絵を工夫したり、効果音を活用したり、文字に配慮した教材を準備したりします。どの子にも光る個性があります。発揮した一瞬を見逃さず、よさを見取ります。

文例① 正直・誠実であることについて考えました。「だめ。ごまかしはだめ」と、つぶやきました。理由を尋ねると「ごまかすとすぐにわかって、

嫌われます」と、嘘や不誠実な態度は**まわりの人が嫌な気持ちになる**[A]ことについて考えを述べました。

文例② わが国のよさついて考える授業では、「東京スカイツリー」とつぶやきました。理由を尋ねると「634メートルもある。頑丈」と、自分の体験や知識をもとに**日本が誇れるもの**[B]について考えていました。

言い換え表現

A まわりの人が嫌な気持ちになる ➡ よいことが一つもない
B 日本が誇れるもの ➡ 日本の新旧の技術の素晴らしさ

エピソード⑫ 所見を書きにくい子

Type 12

話し合い活動で発言をせず、意図的指名にも答えることができなかった。また、ワークシートも書けなかった。しかし、友だちの発言はうなずきながら聞いたり、送ったりしていた。

POINT

表現することが苦手な子どもには、何らかのかたちでその思いを引き出す工夫を行いましょう。例えば授業後、みんなとは別に声をかけるなどをすれば、授業中に何を考えていたか聞き取ることができます。また、表情やうなずきなどの様子も大切な学習状況と考えます。

文例① 礼儀について考える授業では、友だちが「あいさつだけでなく、帽子を取ることや両手で受け取ることも礼儀だと思う」と発言すると、深くうなずいていました。失礼な姿勢もあると発表した友だちにも、何度もうなずいていました。**同じ気持ちであること**[A]が伝わってきました。

文例② 努力について考えました。努力をやめたくなる弱い気持ちや、目標を達成したときの喜びを話し合ったあと、○○さんにその経験を尋ねると「運動会の鼓笛隊の練習です。朝練と、行進しながら演奏するのが大変でした」と**頑張ってやり遂げた体験**[B]を振り返っていました。

言い換え表現

A 同じ気持ちであること ➡ 自分のこととして考えている
B 頑張ってやり遂げた体験 ➡ 自分の努力

Subject

外国語

相手に伝えようとする姿勢や表現の工夫を見取ろう

エピソード❶ こつこつ頑張る子

Type 01

既習表現について英語での表し方を忘れてしまったとき、過去の資料を見て確認するなど、自分で解決しようとしていた。

● POINT

目立った活躍は無くても、積み重ねた経験を生かし、しっかりと英語を活用した活動に取り組むことができていることを認め、評価します。粘り強く学んできた成果が表れてきていることも見取れるとよいです。

文例① 「When is your birthday?」の学習では、序数が数字と違い、"one"は"first"に、"four"は"fourth"になることを理解し、**発音に気をつけることができました**[A]。自分の誕生日を伝えるときには、相手にわかりやすいように指で数字を表すなどの工夫をすることができました。

観点 1・話す

文例② 「Welcome to Japan.」の学習では、自分の表現したいことの英語がわからないときに、和英辞典を使用して単語を調べ、例文を参考に英語でスピーチメモを書くことができました。読み方がわからないものはALTの先生に質問するなど、**英語への関心の高まりを感じます**[B]。

観点 2・書く

文例③ 「He is famous. She is great.」の学習では、今まで音声で十分に慣れ親しんできた単語について、簡単なゲームを通して理解を深め、AET**の発音を真似する**など、正しい英語の音を意識して活動に取り組むことができました。**観点 2・話す**

言い換え表現

A 発音に気をつけることができました ➡ ALTの発音を真似しようと工夫していました／何度もくり返し練習して覚えることができました

B 英語への関心の高まりを感じます ➡ 一つひとつ解決するまで粘り強く調べる姿に感心しています／自己解決する力が伸びてきています

C 〜の発音を真似する ➡ 〜の発音を意識する／〜に発音を確認してもらう

エピソード❷　一芸に秀でた子　Type 02

学習全般において、自信をもって取り組んでいた。進んで自分の考えを発表することで、学習をリードしていた。

● POINT
高学年では、英語で会話をしたり、英文を読んだり、書いたりする技能などが他者よりもすぐれている児童が増えてきます。活動の中での自信の表れを見取り、評価します。

文例 ①　「What time do you get up?」の学習では、自分が何時に起きるのかについて、“always”“usually”“sometimes”“never”を正しく使い分けながら答えることができました。自分の一日についても例文を参考にして**書き表し、友だちと交換して読み合うことができました**[A]。
観点 2・読む

文例 ②　「This is ME !」の学習では、例文を参考に自己紹介のメモを英語で書くことができました。また、友だちとの自己紹介の交流では、“I like ～.”“My birthday is ～.”などの既習表現**を使って進んで話し合うことができました**[B]。**観点 2・書く**

文例 ③　「Junior High School Life」の学習では、動画を視聴し、部活動の話の大まかな内容を捉え、部活の人数や練習日についてわかったことを書き取り、進んで**発表することができました**[C]。**観点 1・聞く**

言い換え表現

A 書き表し、友だちと交換して読み合うことができました ➡ 書き表すことができました／書き表す中で、自分の生活を見直している姿に感心しました

B ～を使って進んで話し合うことができました ➡ ～を使い、自分から進んで伝えることができました／～を使うことで、英語だけで会話ができることに楽しみを感じているようでした

C 発表することができました ➡ 発表する姿に成長を感じます／発表することで学習をリードすることができました

エピソード❸ 知識が豊富な子

Type 03

内容を整理したうえで、自分の考えや気持ちなどを伝えようとしていた。また、話を聞き、大まかな内容を理解していた。

● POINT

最近では、習い事や家庭学習をしていて、英語の語彙力が高い児童がいることがあります。知っていることを進んで発表したり、さらに新しい語彙を吸収しようとする意欲の高まりを認め、評価します。

文例① 「I like my town.」の学習では、自分たちの住む町について "We have a park." や "We don't have an aquarium." などの表現を使って紹介することができました。自分の町の公共施設に詳しく、**それらを表す英語表現に興味をもって取り組むことができました**[A]。 **観点 2・話す**

文例② 「Welcome to Japan.」の学習では、"We have this event in ～." や "You can enjoy ～." などの表現を使って、日本の行事について3ヒントクイズを作成し、友だちと出題し合うことができました。各地方の行事に詳しく、**友だちからの関心も高まっていました**[B]。 **観点 2・話す**

文例③ 「What do you want to be?」の学習では、動画を視聴し、登場人物の話す将来の夢やその理由について、聞き取れた単語や表現を進んで発表することができました。また、たくさんある業種の英語に関心をもち、いくつかの候補から自分がなりたいものについて**考える表情は真剣そのものでした**[C]。 **観点 1・聞く**

言い換え表現

A それらを表す英語表現に興味をもって取り組むことができました ➡ どんな施設があるのか友だちに進んで英語で伝えることができました／わからない友だちにやさしくアドバイスをすることができました

B 友だちからの関心も高まっていました ➡ それらをどう説明するか、ALTに英語での表現を確認する姿が素晴らしいです／進んで発表する姿に感心しています

C 考える表情は真剣そのものでした ➡ 理由を考えながら決める姿に感心しました／真剣に考える目線の先に、自分の夢が見つかるとよいと思います

エピソード④　発想が豊かな子　Type 04

基本的な表現を活用し、自分の考えや気持ちなどについて、身振り手振りなどを交えながら伝えようとしていた。

● POINT

既習事項を活用し、自分の思いや考えを巧みに表現しようとしていることを認め、評価します。伝えたいことが未習の内容であることも多くなることがあるので、その場合の伝え方をどう工夫しているかも見取れるとよいでしょう。

文例① 「When is your birthday?」の学習では、序数が数字と違い、“one”は“first”に、“four”は“fourth”なることを理解し、NEAの発音を真似て正しい音が出せるように意識することができました。野球のベースと約束が似ていることに気づき、**進んで考えを発表することができました**[A]。 **観点 2・話す**

文例② 「My Summer Vacation」の学習では、自分の表現したいことの英語がわからないときに、ALTの先生に“How do you say ~ in English?”と英語で質問して解決することができました。みんなの知らない単語については、ジェスチャー**を交えて説明することができました**[B]。 **観点 2・話す**

文例③ デジタル教材で日本の食べ物を勧めている様子を視聴し、食べたあとの反応から味の英語表現について理解することができました。視聴した以外の味の英語についても興味を高め、ALTの先生に“How do you say ~ in English?”とジェスチャーを交えて質問している姿**が微笑ましかったです**[C]。 **観点 1・聞く**

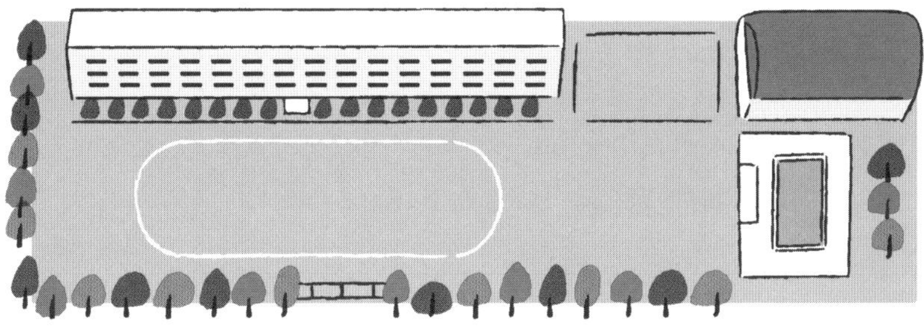

言い換え表現

A **進んで考えを発表することができました** ➡ 他の数字にも代わるものがあるのか思考をめぐらせていました／友だちに覚え方のヒントとして教えている姿が微笑ましかったです

B **～を交えて説明することができました** ➡ ～を入れるなど、工夫して取り組むことができました／～をするなど、伝えたい気持ちが表にたくさんあふれていました

C **～が微笑ましかったです** ➡ ～に関心の高まりが見えます／～に成長を感じます

エピソード❺　まわりのために動ける子

Type 05

友だちが英語がわかっていなかったり、活動内容を理解できていなかったりした際、相手に合わせてわかりやすく伝えようとしていた。

POINT

活動の中で困っている友だちに対して、学習して得た知識をもとに、どうしたら相手にわかりやすく伝わるかを考えながらアドバイスをしようとする様子を見取り、評価します。

文例①　道を案内する表現に慣れ親しみ、“Go straight.” や “Turn light.” などの表現を使って目的地までの案内をすることができました。英語での指示が聞き取れない友だちに対して、**一緒に体の向きを変えてあげる**[A]など、相手に寄り添って活動に取り組むことができました。**観点 3・話す**

文例②　“What ~ do you like?” の英語表現を使い、友だちの好きな色や食べ物、スポーツなどについて進んで尋ね合うことができました。返答を友だちが迷っているときは、“Do you like ○○?” と “Yes／No” で答えられるように質問**を工夫することができました**[B]。**観点 2・話す**

文例③　「Junior High School Life」の学習では、“What club do you want to join?” の表現を使って友だちにインタビューをしたり、**身振り手振りを入れたりして**[C]、わかりやすく自分が入りたい部活を伝えることができました。**観点 2・話す**

文例④　「My Summer Vacation」の学習では、夏休みの思い出について紹介し合いました。“ate” や “saw” などの表現の使い方について、ジェ

スチャーをつけて友だちに紹介するなど、相手に伝わりやすい**工夫をすることができました**[D]。 観点 3・話す

言い換え表現

A 一緒に体の向きを変えてあげる ➡ 身振り手振りをする／指で方向を示す

B ～を工夫することができました ➡ ～を変更し、やりとりを楽しむことができました／～をするなど、相手のことを考えて学習に取り組むことができました

C 身振り手振りを入れたりして ➡ ジェスチャーを交えたりして／相手に伝わるようにゆっくりと話したりして

D 工夫をすることができました ➡ 工夫をする様子に成長が見られます／工夫をする姿勢が素晴らしいです

エピソード⑥ クラスをまとめる子 Type 06

持ち前のリーダー性を発揮し、みんなのお手本となるように学習の約束をしっかりと守り、進んで活動に取り組んでいた。

● POINT

規範意識が高く、学級全体の様子を感じ、率先して取り組もうとする意欲を認め、評価します。まわりに流されない自律した心の成長を見取り、集団の中でしか見られない活躍を家庭に伝えます。

文例① 「Where is the station?」の学習では、道を案内する表現に慣れ親しみ、“Go straight.”などの表現を使って目的地までの案内をすることができました。自分から声かけが苦手な友だちに、“May I help you?”とやさしく声をかけて一緒に活動しようとする姿**に感心します**[A]。
観点 2・話す

文例② 「This is ME!」の学習では、例文を参考に自己紹介のスピーチメモを英語で書くことができました。また、友だちとの自己紹介の交流では、スピーチメモを見ずに、みんなの前で堂々と発表する姿**は、みんなのよき手本となりました**[B]。 観点 1・話す

文例③ 「What would you like?」の学習では、デジタル教材の音声を聞き、登場人物が注文したMain dish, Side dish, Dessertとその値段

について、わかったことを進んで発表することができました。自分の考えをいつも率先して発表する姿**にまわりの友だちもよい刺激を受けています**[C]。**観点 2・聞く**

文例 ④ 「できること」の学習では、自分ができることについて友だちとやりとりしました。友だちのできることを聞いたあとに、“He can ～.”の表現を使い、みんなの前で進んで**紹介することができました**[D]。**観点 3・話す**

言い換え表現

A ～に感心します ➡ ～が素晴らしいです／～に成長を感じます

B ～は、みんなのよき手本となりました ➡ ～から、自信の高まりを感じます／～に、みんなの注目が集まりました

C ～にまわりの友だちもよい刺激を受けています ➡ ～が立派です／～をこれからも続けてほしいと思います

D 紹介することができました ➡ 紹介するなど、意欲的に取り組むことができました／紹介するなど、よいモデルを示すことができました

エピソード 7　積極的に自己表現できる子

Type 07

率先して英語でのやりとりや発表のお手本に挑戦していた。また、友だちの話を英語でのリアクションを取りながら聞こうとしていた。

POINT

英語で自分の考えを伝えることに慣れ、進んで相手に伝えようとする意欲の高まりを認め、評価します。友だちの話に対しても反応している様子から、聞こうとする態度がよいことも見取ることができます。

文例 ① 「行ってみたい都道府県」の学習では、“I want to go to ～. I want to see ～.”などの表現を使い、自分の行きたい所とその理由について、進んで発表に**挑戦する姿が立派でした**[A]。**観点 3・話す**

文例 ② 「Welcome to Japan.」の学習では、“We have this event in ～.” “You can enjoy ～.”などの表現を使って、日本の行事について進んで紹介することができました。「ALTの先生が知らないものを紹介しよう」と**工夫をしていて素晴らしかったです**[B]。**観点 2・話す**

文例 ③ 「将来の夢」の学習では、“I want to be a ～. Because, I like

～.”と理由を交え、英語で堂々とスピーチをすることができました。友だちの発表を聞く時には、“That’s nice.”などの反応を示している姿に**好感がもてます**[C]。**観点 3・聞く**

文例④ 「This is my dream day.」の学習では、自分の夢の予定について考えました。やりとりのお手本に立候補し、“What time do you ～.”の質問に対して、**しっかりと**[D]答えることができました。**観点 3・話す**

言い換え表現

A 挑戦する姿が立派でした ➡ 挑戦しようとする姿に成長を感じます／チャレンジする姿はみんなのよきお手本となっています

B 工夫をしていて素晴らしかったです ➡ 工夫をする姿に相手のことを考える思いやりが感じられます／工夫するなど、自分の考えを上手に表現していました

C ～に好感がもてます ➡ ～が印象的でした／～が素晴らしかったです

D しっかりと ➡ 堂々と／はきはきと／相手の目を見ながら

学習
国語
社会
算数
理科
音楽
家庭
図画工作
体育
道徳
外国語
その他

エピソード⑧　**友だちとのかかわりがよくできる子**　Type 08

相手に合わせて質問を変えたり、身振り手振りを交えながら交流していた。相手の話に合わせ、あいづちの英語表現を上手に使い分けることができていた。

POINT
一方的に自分のことを伝えるのではなく、どうしたら英語で相手にわかりやすく伝えられるか、また、相手の考えを理解できるか工夫しているなど、相手意識の高まりを認め、評価します。

文例① 「自己紹介」の学習では、“What ～ do you like?”の英語表現を使い、友だちの好きな色や食べ物、スポーツなどについて進んで尋ね合うことができました。相手の話に“Me too.”や“That's nice.”など、リアクションを取ることで会話**が盛り上がっていました**[A]。**観点 2・話す**

文例② 「夢の時間割」の学習では英語に慣れ、友だちに紹介することができました。“Why?”の質問に対し、“～　is fun.”など、理由を答える中で、相手が回答に困ったときは“Yes／No”で答えられる質問をするなど、相手を思いやりながら**工夫することができました**[B]。**観点 2・話す**

観点1…知識・理解／観点2…思考・判断・表現／観点3…主体的に学習に取り組む態度

文例③　「将来の夢・職業」の学習では、“I want to be a ～.”と答えることができました。相手に職業が伝わりやすいように、ジェスチャーを交えるなど、さまざまな工夫をして友だちと交流する**姿が印象的でした**[C]。**観点 2・話す**

文例④　「世界で活躍するスポーツ選手」の学習では、“What sport do you want to watch?”の表現を使い、オリンピックで観たい競技について尋ね合いました。自分と同じ競技を見たい友だちがいると“Me too.”などの反応を示しながら**進んで**[D]取り組むことができました。**観点 2・話す**

言い換え表現

A ～が盛り上がっていました ➡ ～を楽しむことができました／～が途切れないようにしていたのが素晴らしいです

B 工夫することができました ➡ 工夫して相手と会話を楽しんでいました／工夫できるのが素晴らしかったです

C 姿が印象的でした ➡ ことができました／姿に成長を感じます

D 進んで ➡ 楽しそうに／意欲的に

エピソード⑨　さまざまな場面でよさを発揮する子　Type 09

学習したことを生かし、ALTとの会話で実践しようとしたり、世界の国々の文化などに対する関心を高めたりしていた。

POINT
学習したことを教室の外でも活用していたり、英語学習で触れた世界の国々の文化などに触れ、見解を広げたりしている様子を見取り、評価します。

文例①　英語の音声を聞き、日本の行事が何月に行われているのかを理解することができました。また､日本の行事の英語表現について興味を高め、学習後に独自に調べたことをALTに進んで紹介している**姿が印象的でした**[A]。**観点 3・話す**

文例②　「Welcome to Japan.」の学習では、世界の国々の子どもたちの自己紹介の映像資料を観て、さまざまな国の人とも、今までに習った英語を活用すると聞き取ったり、相手に伝えたりすることができることについて理解**を深めていました**[B]。**観点 3・話す**

文例 ③ 電車の乗り換えを尋ねたり案内したりする表現に慣れ、"From ~ to ~, take the ~ line." などの表現を使い、進んで案内することができました。「駅で困っている人がいたら案内してみたい」と話す姿**に、意欲の高まりを感じます**[C]。 **観点 3・話す**

文例 ④ 「My Best Memory」の学習では、"Thank You Card" に自分の思い出を英語で綴り、感謝の気持ちを伝えにいきました。たくさんのカードを書き、授業外でお世話になった先生方に英文を読み上げて渡している姿**に成長を感じます**[D]。 **観点 3・話す**

言い換え 表現

A 姿が印象的でした ➡ のに関心しました／様子から、文化への興味が広がっていることがうかがえます

B ~を深めていました ➡ ~し、英語学習への意欲を高めていました／~し、さまざまな国の人と英語で話してみたいと思いがあふれていました

C ~に、意欲の高まりを感じます ➡ ~に、自信がもてたことがうかがえます／~が印象的でした

D ~に成長を感じます ➡ ~がとても立派でした／~から、充実した学校生活が送れたことがうかがえます

エピソード ⑩ 人望がある子 Type 10

英語でのやりとりや発表に対し、進んで取り組もうとしていた。また、友だちが困っているときに、やさしくアドバイスなどをすることができた。

● POINT

頑張りがみんなから認められ、まわりの友だちにもよい影響を与えている点について見取り、評価します。成功例・失敗例問わず、実直に取り組むことや、友だちに分け隔てなく接することができることなども大切に見取ります。

文例 ① 「できること」の学習では、友だちにできることを尋ねたことをもとに、"He can ~ well." と他の友だちに紹介することができました。相手が質問を聞き取れていないときはゆっくりと話したり、ジェスチャーを交えて伝えたりなど、工夫している姿**がよく見られました**[A]。 **観点 2・話す**

観点 1…知識・理解／**観点 2**…思考・判断・表現／**観点 3**…主体的に学習に取り組む態度

文例② 友だちとの自己紹介の交流で、相手の得意なことに対してのリアクションを大きなジェスチャーを交えて英語で表現することができました。相手が言うことを忘れてしまった時に“Do you like ～?”と簡単な質問をするなど、会話をつなげる工夫ができ、**素晴らしいです**[B]。

観点 3・話す

文例③ 「将来の夢・職業」の学習では、“I want to be a ～. Because, I like ～.”と、**堂々と**[C]スピーチすることができました。友だちのスピーチに対して、リアクションをしたり、緊張で言うことを忘れてしまった友だちにやさしくアドバイスしたりすることができ、人柄のよさがうかがえます。**観点 2・話す**

文例④ 「I have P.E. on Monday.」の学習では、自分の将来なりたい夢を叶えるための時間割を考えました。“I want to be a ～. I have ～.”と自信満々に発表する姿**がとても素晴らしかったです**[D]。**観点 1・話す**

言い換え表現

A **～がよく見られました** ➡ ～に、他者への配慮がうかがえます／～から相手を思いやる感じが伝わってきます

B **素晴らしいです** ➡ 感心しました／他者への思いやりが見受けられます

C **堂々と** ➡ はっきりと／みんなに視線を配りながら

D **～がとても素晴らしかったです** ➡ ～にみんな釘づけでした／～はみんなのよきお手本となりました

エピソード⑪ **特別な支援で力を発揮できる子**

絵カードや穴埋め式のワークシートなどを活用することで、学習の内容を理解することができた。

POINT

全体指導だけでは理解しにくい児童でも、絵カードなどを用いたり、ワークシートを活用したりすることで、みんなと同じ活動に取り組めたことを見取り、評価します。

文例① 「行きたい国」の学習では、“I want to visit ～.”の表現を使い、

国旗一覧シートを指さしながら自分の行きたい国を伝えることができました。相手の行きたい国についてもシートを使って進んで確認していた姿から、英語でのやりとりに**慣れてきたことがうかがえます**[A]。

観点 3・話す

文例 ② 「Where is the station?」の学習では、町にある施設の名前のワークシートや地図記号の絵カードを指さしながらくり返し練習し、地図のどこに何があるかをしっかりと英語で**言えるようになりました**[B]。

観点 2・話す

文例 ③ 「What sport do you want to watch?」の学習では、オリンピック・パラリンピックについて、絵カードを指さしながら、見たい競技の名前を**英語で相手に伝えることができました**[C]。 **観点 1・話す**

文例 ④ 「オリジナルメニューをつくろう」の学習では、“What would you like?” の質問に対して、“I'd like ～.” の表現を使って**やりとりすることができました**[D]。また、メニューを指差しながら注文することができました。 **観点 2・話す**

言い換え表現

A **慣れてきたことがうかがえます** ➡ 対する意欲の高まりを感じます／楽しさを感じているようでした

B **言えるようになりました** ➡ 相手に伝えることができました／聞き取ることができました

C **英語で相手に伝えることができました** ➡ 何度も練習する姿に成長を感じます／くり返し練習し、英語で言えるようになりました

D **やりとりすることができました** ➡ 思いを伝えることができました

エピソード⑫ 所見を書きにくい子 Type 12

英語に対して苦手意識が強く、普段は集中できないことが多いが、発音をくり返したり、ゲームに参加したりすることができた。

● POINT

英語に対する苦手意識があったり、集中力が持続しなかったりする児童も、簡単な活動であれば参加したり、声に出したりすることができる場面があるので、そこを見逃さずに見取り、評価します。

文例① 「When is your birthday?」の学習では、友だちに誕生日を聞かれた際に、"My birthday is ～."とはっきり答えることができました。グループづくりでも、進んで英語を使ってやりとりしながら、自分と同じ月の人を探す姿**に、成長を感じます**[A]。**観点 3・話す**

文例② 「What sport do you want to watch?」の学習では、オリンピックやパラリンピックで観たい競技について、"I want to watch ～."と相手に伝えることができました。相手に伝わりやすいように、体を大きく使ったジェスチャー**が印象的でした**[B]。**観点 2・話す**

文例③ 「What do you want to be?」の学習では、自分のなりたい将来の夢について、"I want to be a ～."と**元気よく**[C]相手に伝えたり、例をお手本に4線を意識し、丁寧に書いたりすることができました。

観点 1・書く

文例④ 「I can run fast.」の学習では、自分ができることについて友だちと紹介し合いました。ジェスチャーで相手のできることを当てるゲームでは、体を大きく動かしながらも真剣な顔で伝えようとしている姿**から、友だちとのやりとりに楽しさを感じていることがうかがえます**[D]。

観点 3・話す

言い換え表現

A ～に、成長を感じます ➡ ～から、月を表す英語への慣れ親しみがうかがえます／～から、英語を使ってみようという意欲の高まりを感じます

B ～が印象的でした ➡ ～はみんなのよきお手本となりました／～がとてもよかったです

C 元気よく ➡ 明るく／はきはきと

D ～から、友だちとのやりとりに楽しさを感じていることがうかがえます ➡ ～が素晴らしかったです／～に好感がもてます

Subject

その他

課題に取り組む姿勢や学習の工夫に目を向けよう

エピソード❶ 課題

こつこつ頑張る子 Type 01

理解の浅い部分を補ったり、疑問に思った部分を自ら調べたりすることで、課題に対して主体的に取り組んだ。

● POINT

理解が浅い部分を自ら把握して、課題に対して主体的に取り組み、自主学習で自分の力を高めていく力が身についていることを評価します。

文例① 漢字学習では、与えられた課題だけでなく、ノートの空いたスペースを使って練習をくり返すなど、**向上心が感じられました**[A]。 観点 1

文例② 疑問に思った部分があったときにはノートの端に書き留めておき、自ら調べて疑問を解決することで**理解を確かなものにすることができました**[B]。 観点 1

言い換え表現

A 向上心が感じられました ➡ 自主性がうかがえました

B 理解を確かなものにすることができました ➡ 確実に学習内容を身につけることができましたました

エピソード❷ 全般

知識が豊富な子

歴史をはじめ、世界の城、建築、船についてなど、知識をたくさん身につけている。

● POINT

豊富な知識をもっているだけでなく、学習の中でどのように生かしているか、まわりの友だちにどのような影響を与えているかを伝えるとよいでしょう。

文例① これまでに読んだたくさんの本の内容が、知識としてしっかりと身についています。調べ学習や新聞づくりなどの場面では、関係する書物を学校に持ってきて紹介したり講義を行ったりして、**クラスにも広め関心を集めています**[A]。 観点 1

文例② **いろいろなことに興味をもつこと**[B]は大変素晴らしいです。興味をもったことをさまざまな形で表現して、授業を盛り上げています。**観点1**

言い換え表現

A **クラスにも広め関心を集めています** ➡ ミニ先生として活躍しています
B **いろいろなことに興味をもつこと** ➡ さまざまな知識を自ら追求する姿勢

エピソード③ グループ活動　人望がある子　Type 10

グループで活動するとき、先を見通して話し合いを進めたり、練習をリードしたりすることができた。

POINT
落ち着いてグループをまとめることができるリーダー性を評価します。その子によってグループでの学習がより有意義なものになっていることを伝えましょう。

文例① グループ活動では、**次の作業のことを考えながら**[A]計画を立てたり話し合いを進めたりすることができるので、みんなが安心して手順よく作業を進めることができます。**観点2**

文例② 先を見通して、次に何をするべきかを考えることができる○○さんのおかげで、グループのみんなはいつも安心してグループ活動をすることができています。そんな○○さんに友だちも**信頼を深めています**[B]。

言い換え表現

A **次の作業のことを考えながら** ➡ 先々の作業への見通しをもって
B **信頼を深めています** ➡ 信頼を寄せています

エピソード④ 課題　特別な支援で力を発揮できる子　Type 11

自分なりの目標を設定することで、無理なく課題を進めることができるようになり、取り組む姿勢が改善した。

POINT
学習における今の課題と成長した部分の両方を知らせます。子どもの変容からどのような力が身についてきたのかなどを担任の言葉で伝えると、保護者も喜びます。

文例 ① 「ここまで終わらせよう」という**自分なりの目標を定める**[A]ことで、課題に対して素早く取りかかれるようになり、自分で定めた目標までをきっちりと終わらせることができるようになりました。**観点 2**

文例 ② 宿題への取り組み方や授業中のノートの取り方が、以前と比べて明らかによくなりました。自分を変えていこうとする**自立心が育ってきた**[B]ことがわかります。**観点 2**

言い換え表現

A 自分なりの目標を定める ➡ 自らのゴールを設定する

B 自立心が育ってきた ➡ 意識が芽生えてきた／内面が成長した

エピソード⑤ 課題

所見を書きにくい子 Type 12

宿題を提出できないことが多かったが、空き時間を利用して、自分の力でなんとかすべてを終えることができた。

POINT

終わらせられたことと、進んで取り組んだことを評価し、本人の達成感となるようにします。克服に向けて頑張りましょうというメッセージとして伝わるようにします。

文例 ① 朝の時間や休み時間に少しずつ宿題を進めておくことで、宿題を忘れてしまうことがなくなりました。課題をきっちりと最後まで終わらせようと、**粘り強く取り組む**[A]姿勢が立派です。

文例 ② 朝の時間や休み時間など、学校にいるうちに少しでも宿題に手をつけておくことで、宿題を忘れず提出することができるようになりました。**自分で学習を進めていく力**[B]が身についてきています。**観点 2**

言い換え表現

A 粘り強く取り組む ➡ 諦めずに取り組む

B 自分で学習を進めていく力 ➡ 自分なりの計画を立てて学習を進めていく姿勢

Type 01 こつこつ頑張る子

目立たないけど、課題はしっかりやってくる

エピソード❶ 給食　掃除

決められている当番や係以外の仕事を自ら見つけ、細かいところに気づいて行動することができた。

POINT
自分の仕事を終えたら他の仕事を探すなど、気づいたことを行動に移せるのは、まわりに目が向き地道に頑張ることができる子ならではの特長です。視野が広がってきていることを保護者に伝えます。

文例① 給食の時間になると毎日のようにワゴンを率先して取りに行き、すぐに準備を始めます。**まわりの友だちを巻き込みながら**[A]準備を進め、クラスのみんなが早く給食を食べることができるようにしていました。

文例② 自分の掃除分担場所が終わり教室に戻ってくると、さり気なくちりとりを持ってきてゴミを集めました。自分でできることは何かと考え、**細かいところにも目を向け行動することができました**[B]。

言い換え表現

A まわりの友だちを巻き込みながら ➡ 友だちに声をかけて一緒に

B 細かいところにも目を向けて行動することができました ➡ 視野を広くもち行動に移すことができるようになったことが立派です

エピソード❷ 休み時間

ふれあい給食でお客さまに昔遊びを楽しんでもらうために、休み時間にも技の練習をしたり用具の準備をしたりした。

POINT
お客さまに楽しんでもらうためには、自分の技ができることが必要だと考えて、休み時間にこつこつ練習を重ね、用具の準備や片づけを着実に行っていたことを評価します。

文例① ふれあい給食でお客さまに昔遊びを楽しんでもらうためには、自分の技ができていないといけないと考え、けん玉の練習をひたすら行っていました。**友だちがやっている様子を観察したり、コツを聞いたりするなど**[A]、目標達成に向けて**努力し続ける力**[B]の高まりを感じました。

文例② 最近休み時間になると、けん玉をしたり、こまを回したりして遊ぶ子が増えており、○○さんも毎日楽しそうに遊んでいます。○○さんは遊び終わると道具を整理整頓したり、修理をしたりして次に使う人が気持ちよく使えるようにしています。**当たり前のことを当たり前にできる**[C]ことが何よりも素晴らしいのです。

言い換え表現

A 友だちがやっている様子を観察したり、コツを聞いたりするなど ➡ 聞いて学んで、見て学んで

B 努力し続ける力 ➡ 日々努力を積み重ねる力

C 当たり前のことを当たり前にできる ➡ 当然のことを当然のようにできる

エピソード❸ 掃除

雨が吹き込んで滑りやすくなっている廊下を見つけて、自分から掃除した。

POINT
見過ごしがちなことにも目をとめ自ら行動する習慣をつけられたところを指摘し、保護者に伝えます。

文例① 突然降ってきた雨で濡れた廊下を、教室から雑巾を持ってきて拭いていました。気づいたことを他人事にせず、自分が動いてよくしていこうとする誠実さは、真面目にやることの大切さを、**クラスのみんなに示しています**[A]。

文例② 「気づき、考え、行動する」ことの大切さをクラスに呼びかけていますが、いちばん実践しているのが○○さんです。1年生の教室の前の廊下が雨で濡れていたときには、教室から雑巾を持っていき、拭いていました。その様子を1年生が**憧れの眼差し**[B]で見ており、6年生の素晴らしさを行動で見せてくれました。

言い換え表現

A **クラスのみんなに示しています** ➡ クラスのお手本になっています

B **憧れの眼差し** ➡ キラキラした表情

エピソード❹ 掃除

教室のルールを理解し、まわりに流されず、自主的に仕事に取り組むことができる。

POINT

まわりの児童が遊んだり騒いでいたりする場合も、自分の仕事に責任感をもって取り組んでいることを評価します。

文例① 学校全体で取り組んでいる無言清掃ですが、どんなときでもしゃべらず集中して掃除ができており、○○さんが掃除をした場所は、いつもピカピカになっています。責任をもって仕事に**取り組む姿勢が素晴らしいです**[A]。

文例② 体育館掃除の担当でも、○○さんは、遊ぶことなく、まわりに流されずに自分の仕事を確実に行うことができます。自分の仕事に責任をもって最後までやり遂げる姿勢は、**クラスの見本になっています**[B]。

文例③ どうしても雑になってしまいがちな特別教室清掃ですが、○○さんは**怠けることなく**[C]、隅々まで丁寧に清掃します。○○さんが掃除した教室のきれいさに驚いた友だちが、○○さんに掃除の仕方を聞き、丁寧な掃除がクラスに広がりました。

文例④ ○○さんは掃除の時間にしゃべったりふざけたりすることなく、てきぱきと掃除をすることができます。学校全体で無言清掃に取り組む中で、その姿勢が**下級生たちのお手本となっています**[D]。

言い換え表現

A **取り組む姿勢が素晴らしいです** ➡ 取り組むことができるのは立派です

B **クラスの見本になっています** ➡ クラスに広がっていっています

C **怠けることなく** ➡ 手を抜かず

D **下級生たちのお手本となってます** ➡ 下級生に模範を示しています

エピソード⑤ あいさつ

校内で、いつでも誰にでも自分から進んで気持ちのよいあいさつをすることができ、まわりの模範となった。

POINT

あいさつの重要なポイントである「自分から進んで、目を見て、はっきりと言うこと」がしっかりできていることを伝え、基本的なことを確実に行うよさを子どもや保護者の方に感じてもらえるようにします。

文例① いつも相手の目を見て、気持ちのよいあいさつをしています。先生や友だちに対してはもちろん、下級生や来校者の方にも気持ちのよいあいさつをすることができます。**あいさつの輪が広がり**[A]、まわりの雰囲気をいつも明るくしてくれています。

文例② いつもあいさつを欠かしません。あいさつ月間が終わっても、変わらず元気な明るいあいさつで、学校に活気を与えてくれています。そ**れが下級生のお手本となり**[B]、学校に元気なあいさつがあふれるようになりました。

文例③ 体育館、校庭などの授業の後は、必ず**大きな声で**[C]「ありがとうございました」とあいさつをすることができます。**その姿は下級生のお手本となって**[D]、学校中に広まっています。

言い換え表現

A あいさつの輪が広がり ➡ みんながあいさつするようになり／元気なあいさつがあふれ

B 〜が下級生のお手本となり ➡ 〜をみんながまねをするようになり

C 大きな声で ➡ 自分から進んで／元気よく

D その姿は下級生のお手本となって ➡ 他の学年の児童も見習って

Type 02 一芸に秀でた子

勉強以外で得意なことをもっている

エピソード❶ 給食

給食を毎日完食したりおかわりしたりしていて、「おかわり隊長」と呼ばれている。

POINT
完食したりおかわりしたりしていることだけでなく、「食缶をきれいにして返して感謝を伝えたい」と願う心情をもっていることを伝えます。

文例① 献立に苦手なものがある日でも、給食を毎日完食することを心に決めて続けています。食缶を全部きれいにして戻すことで、給食を作ってくださった方への感謝の気持ちを表せるクラスにしたいという**願いが表れています**[A]。

文例② 毎日率先して給食のおかわりをしています。給食の片づけの後には、みんなの片づけ方がよくないと、帰りの会で「気をつけてください」と**注意している**[B]こともあり、調理員さんに感謝の気持ちを伝えようとしてることがわかります。

言い換え表現

A 願いが表れています ➡ 気持ちが伝わります
B 注意している ➡ 呼びかけている

エピソード❷ 休み時間

なわとびが得意で、休み時間になると校庭に出て練習している。

POINT
自分の技を高めるだけではなく、友だちに難しい技の跳び方を教えたり、回数を数えてあげたりしている姿を伝え、学校全体のなわとびのレベルアップに貢献していることを評価します。

文例① なわとび月間が始まり、なわとびカードが配布されるや否や検定に挑戦し、**どんどん進めていきます**[A]。ひたむきに難しい技に取り組む姿は素晴らしいです。まわりの友だちも触発されて練習するので、全体のレベルアップにつながっています。

文例② なわとびの技をほとんどマスターし、**みんなのお手本となっています**[B]。休み時間には、いち早く校庭に出て、友だちに技を教えたり跳んだ回数を数えてあげたり、いつも練習の輪の中心となり活躍しています。

言い換え表現

A どんどん進めていきます ➡ 意欲的に取り組んでいます

B みんなのお手本となっています ➡ みんなから「なわとび先生」と呼ばれています

エピソード③ 休み時間

絵が得意で、休み時間に絵を描くことに熱中している。イメージの世界で終わることなく、図書室の図鑑も最大限活用することができた。

POINT

自分の興味分野において努力を怠らないところ、例えば、図書室に行ってそれに関する図鑑をチェックして研究するところなど、そのこだわりや思いの強さをプラスに評価します。

文例① ○○さんの自由帳には、さまざまな花の絵が描かれています。休み時間になると図書室へ行き、花の図鑑を見て**細部まで**[A]よく観察をして絵を描いています。写真のようにきれいに描かれた絵は、友だちの憧れの的になっており、「花博士」という愛称で呼ばれています。

文例② 自由帳の中には、飛行機の全体像、前面、側面の絵がぎっしりと描かれており、○○さんの**研究熱心さを感じます**[B]。航空会社ごとの違いについてもハキハキと答えるほどの物知りです。

言い換え表現

A 細部まで ➡ 花びらやおしべ、めしべなどのつくりなどまで

B 研究熱心さを感じます ➡ 熱心に取り組む姿には感心させられます

エピソード❹ 休み時間

自分のアイデアで、休み時間を楽しく創造的な時間として有効活用している。

● POINT

こだわりや思いの強さをプラスに評価するとよいでしょう。1つのことを突き詰めて追究し、追究するためなら苦労を惜しまない様子を具体的に伝えます。

文例 ① 休み時間に自分で考えた迷路を描いて、友だちと一緒に遊んでいます。自由帳にはとても細かい迷路の絵がぎっしりと描かれており、○○さんのまわりにはいつも友だちが集まってきて「すごいね、上手だね」と声があがります、**みんなに一目置かれる**[A]存在です。

文例 ② 休み時間になると、たくさんの友だちと一緒に校庭へ行き、楽しく遊んでいます。なわとびが得意な○○さんが連続で難しい技を始めると、まわりに友だちが集まってじっと見つめています。そして、難しい連続技が成功してなわとびカードの級が上がったときには、大きな拍手が起こりました。みんなに技のコツを教えながら一緒に**喜んでくれる**[B]仲間がいることの嬉しさを味わっています。

言い換え表現

A みんなに一目置かれる ➡ 周囲から尊敬される

B 喜んでくれる ➡ ひとつのことに取り組める

エピソード❺ 手伝い

係などの仕事ではなくても、友だちや担任の手伝いを進んで行い、ボランティア活動に積極的に参加する。

● POINT

自ら進んで手伝う積極性や、自分のことだけでなく周囲の様子や相手のことを考えて行動できるやさしさを伝えるようにします。

文例 ① 係活動などの与えられた仕事だけでなく、自分にできることを進んでやろうという気持ちが強く「何かやることはないですか」といつも話しかけてくれました。**お手伝いを頼むと、気持ちのよい笑顔で喜んでや**

ってくれます[A]。

文例② 「何かをするときには、『言われてから』ではなく『自分から』しよう」とクラスで呼びかけていますが、いちばん実践しているのが、○○さんです。帰る前に教室の机をきれいに並び替えたり、黒板をピカピカに掃除していったりしてくれます。**自分からできること**[B]を探して行動し、観察する力に長けていることを感じさせます。

言い換え表現

A お手伝いを頼むと、気持ちのよい笑顔で喜んでやってくれます ➡ ボランティアの手伝いを呼びかけると、いつも真っ先に飛んできて気持ちよく仕事をしてくれます

B 自分からできること ➡ 他の人が気づかないこと

エピソード⑥ 掃除

順番を考えて効率よく掃除を進め、ほこりを残さず取る。休み時間にも進んで掃除をしていた。

POINT

進んで教室の隅々まできれいにすることで、みんなが気持ちよく過ごせていることを伝えます。子どもの細かい気配りは、保護者の方にとってもうれしい所見になります。

文例① 教室の隅から棚の奥まで、**心を込めてきれいに**[A]掃除しています。休み時間にまで掃除をすることもあり、教室にはいつも清々しい空気が流れています。

文例② きれい好きで整理整頓がうまく、汚れた場所を見つけると休み時間にも進んで掃除をしていることがありました。きれいになった床を見て、気持ちがいいと友だちも嬉しそうな表情を見せていました。みんなのために**主体的に取り組む**[B]姿勢が素晴らしいです。

言い換え表現

A 心を込めてきれいに ➡ 丁寧に

B 主体的に取り組む ➡ 自分から行動する

Type 03 知識が豊富な子

歴史や地理、科学などへの興味が高い

エピソード❶ 朝の会

朝の会で、汚れている水槽にタニシを入れることを提案し、実際に捕まえてきて水槽をきれいに保った。

● POINT

ただ知っていることを言うだけでなく、それを行動に移したことを評価します。行動することで自分の知識が役に立ったと子どもに実感させることがねらいです。

文例① 金魚の水槽が藻で汚れているときに、朝の会でタニシを入れることを提案し、実際にタニシを捕まえてきて入れてくれました。おかげで水槽は、ピカピカです。実際に**行動する**[A]ことで、**豊富な知識**[B]をみんなのために生かすことができました。

文例② 藻で汚れている水槽を見て、タニシを入れることをクラスに提案し、友だちと誘い合わせてタニシを捕まえにいく計画を立てていました。○○さんの**知識と行動力**[C]のおかげで、水槽はいつもきれいで気持ちがいいです。

言い換え表現

A 行動する ➡ やってみる

B 豊富な知識 ➡ 豊かな見聞／知っていること

C 知識と行動力 ➡ 知識を生活に生かそうとする姿勢

エピソード❷ 給食

配膳のときに、盛り方やしゃもじの使い方などが上手く、食事のマナーが身についている。

● POINT

日頃から家庭で手伝っていることが、学校の生活に生かされていることを伝えます。どのような配膳を行っていたのか、より具体的に示すとよいでしょう。

文例① しゃもじを水につけたり、ご飯とおかずの位置を考えてお皿を置いたりと、安心して当番を任せることができます。**いつもご家庭でお手伝いをしている様子がうかがえます**[A]。

文例② 給食当番では、**ご飯やおかずなどの盛りつけがとても上手です**[B]。しゃもじを水につけておいたり、煮物が崩れないようにしながらよそったりする手つきがよく、日頃からご家庭でお手伝いをしていることがよくわかります。

言い換え表現

A いつもご家庭でお手伝いをしている様子がうかがえます ➡ ご家庭でのお手伝いから、配膳の仕方や食事のマナーが自然と身についていることを感じます

B ご飯やおかずなどの盛りつけがとても上手です ➡ まわりの手本となるような盛りつけとしています

エピソード③ 休み時間

さまざまなことに興味をもち、休み時間に図書室で知識を深めていた。また、本から得た知識を、友だちに広め、生かすことができた。

POINT
読書量が多く、それが知識として蓄えられていること、それをどう生かせたかということを伝えます。

文例① 休み時間には、図書室で本を読んでいることが多く、知識をどんどん蓄えています。苦にせず、楽しみながらやっていることに意義があります。○○さんの知識量は**誰にも負けません**[A]。

文例② ○○さんは、休み時間も研究熱心で、図書室に行って生き物について調べています。同じ班になった友だちからは、「いつもめずらしい生き物の話をしてくれる」と言われています。普段から図鑑や本をよく読み、**知識を深めている**[B]ことの成果をクラス全体へと広げています。

言い換え表現

A 誰にも負けない ➡ クラスでも一目置かれています

B 知識を深めている ➡ 幅広く物事を学んでいる

生活
Type 03
知識が豊富な子

エピソード❹ 休み時間

休み時間には、友だちと一緒に教師のところに来て、いろいろな話をしている。好奇心旺盛で、他学年の子どもとも興味ある話題について話し、輪を広げていた。

POINT

好奇心旺盛でものおじしない姿勢を評価します。また、他の学年の子どもからも慕われていたことを伝えると、保護者にも嬉しい所見になります。

文例① 休み時間は、図書室に行ったり、先生に質問に来たりして、自分の興味のある分野について知識を深めています。他学年の友だちにも「どうして○○なんだと思う？」と**積極的に質問をしていて**[A]、話題を膨らませる姿に意識の高さを感じます。

文例② 休み時間になると、誰にでも気軽に話しかけ、いろいろな友だちと仲よく遊ぶことができます。○○さんは**博学**[B]でいながらおごるところがないので、友だちにとって一緒にいてとても楽しい存在となっています。

言い換え表現

A 積極的に質問をしていて ➡ ものおじせずに答えを求めていて

B 博学 ➡ 知識が豊富

エピソード❺ 掃除

教室の隅に残っているゴミを取り除くために、自分で専用の掃除道具を作って掃除し、教室をきれいにすることができた。

POINT

普通ならば諦めてしまう取れにくいゴミを、どうにかして取って教室をきれいにしようとする心情を評価します。

文例① ストローとセロハンテープと紙を使って掃除道具を作り、教室のドアのレールに溜まっているゴミをきれいに取ってくれました。みんなで過ごす教室をきれいにしようとする気持ちが**素晴らしいです**[A]。

文例② 雑巾がけしただけでは取れない床についている汚れをどうにかして落とす方法はないかと考え、クレンザーやスポンジを使ってきれいに落としてくれました。来年度教室を使うことになる○年生のために、教室をきれいにしておこうとする**心情が立派です**[B]。

言い換え表現

A 素晴らしいです ➡ 素敵です

B 心情が立派です ➡ 気持ちに感動させられます

エピソード❻ あいさつ

あいさつキャンペーンで校門に立ってあいさつをしたことをきっかけに世界のあいさつに興味をもった。インターネットを使って調べて、ポスターにしてクラスのみんなに教え活用することができた。

POINT

普段当たり前にしているあいさつが他の国々ではどのように言われているのかを疑問に思う知的好奇心の高さと、調べたことをまわりに還元しようとしたことを評価します。

文例① あいさつキャンペーンで校門に立ったときに、外国の方にあいさつをしたことをきっかけに世界の国々のあいさつに興味をもちました。インターネットで調べて日本とつながりの深い30カ国のあいさつをポスターにまとめました。教室に貼られたポスターの前には、友だちの輪ができ、**クラスのみんなの視野を広げる**[A]きっかけになりました。

文例② **世界の国々のあいさつに興味をもち**[B]、インターネットを使って調べ、ポスターにまとめてクラスのみんなに発信することができました。日光林間学校に行ったときにすれ違った外国の方に外国語であいさつするなど**調べたことを活用する**[C]ことができました。

言い換え表現

A クラスのみんなの視野を広げる ➡ 日本だけでなく世界はどうなっているのかということを考える

B 世界の国々のあいさつに興味をもち ➡ 他の国のあいさつはどうなっているのかを知りたいと考え

C 調べたことを活用する ➡ 知識を生活の中で役立てる

Type 04 発想が豊かな子

ひらめき力があり、違う視点で発想できる

エピソード❶ 給食　係活動

図書係になり、新しく自分たちで考えた仕事を取り入れた活動をしていた。

● POINT
今までの仕事に加えて、自分でできることはないかと考えて新しいアイデアを考えていた点を評価します。

文例① 図書係となり、給食の時間や図書の時間の始まりの読み聞かせを考えて取り組んでいました。友だちが読書に興味をもてるように**工夫する姿勢**[A]に発想の豊かさを感じます。

文例② 図書係として、みんなが読書を楽しめる方法はないか考え、給食の時間に読書クイズをしたり、本の紹介をしたりしていました。任された仕事に、**意欲的に取り組む**[B]姿勢が素晴らしいです。

言い換え表現

A 工夫する姿勢 ➡ 考えて取り組む態度

B 意欲的に取り組む ➡ 人一倍頑張る前向きな

エピソード❷ 休み時間

紙や割り箸など簡単な材料から新しい遊びを発明することができ、いくつもの遊びを発明して休み時間に楽しむことができた。

● POINT
小さなものから発想を膨らませ、次々と新しいものを作っていく知的好奇心の高さを評価します。

文例① 手元に割り箸が一膳あれば、ここから何か遊びにつなげることができないかと考えます。さまざまなおもちゃを休み時間に作り遊ぶ姿から、**発想力の豊かさ**[A]を感じました。

文例② 紙一枚からゴルフクラブを作り、新たな遊び道具を考案しました。**知的好奇心が旺盛なので**[B]、次々とアイデアを出すことができます。

言い換え表現

A **発想力の豊かさ** ➡ さまざまな角度で物事を考えることができる力
B **知的好奇心が旺盛なので** ➡ 新たなものを考えようとする力が高いため

エピソード❸ 休み時間

校庭の改修工事で室内遊びが続いたとき、段ボールなどの素材を利用してゲームを作り、休み時間に新しい遊びを提供した。

POINT
校庭で遊べないという状況になったとき、手作りゲームで休み時間を楽しいものにできたことなど、前向きな姿勢と発想力の高さを評価して伝えます。

文例① 学校が改修工事のため、校庭で遊べなくなったときに、○○さんは段ボールを利用して大勢でできる「野球ゲーム」を作ってきました。クラスで歓声がわき、前向きな姿勢と発想の豊かさ**に感心させられました**[A]。

文例② 校庭が改修工事のため使えず、休み時間が室内の遊びだけになったとき、ひと言も不満を言わず、みんなで楽しめる遊びを考え出した○○さん。発想の豊かさと前向きな姿勢は**素晴らしい**[B]です。

言い換え表現

A **〜に感心させられました** ➡ 〜は友だちの心を釘づけにしていました
B **素晴らしい** ➡ クラスの誇り

エピソード❹ あいさつ

クラスで楽しくあいさつする方法を考えることができた。

POINT
言われたことをするのではなく新しい工夫を加え、活動を豊かにすることができたことを評価します。

文例① 朝のあいさつ運動では、先頭に立ってあいさつをしました。相手にも元気になってもらうために「みんなで一緒に言ってみよう」「ハイタッチをしよう」などの提案をして、**明るい笑顔が学校中に広がりました**[A]。

文例②　少しの勇気を出して、元気にあいさつをすることが、まわりも自分も気持ちよくしていくことをよくわかっていて、みんなにも元気なあいさつができるような工夫を次々と**提案しました**[B]。

言い換え表現

A 明るい笑顔が学校中に広がりました ➡ まわりの人たちを元気にしました
B 提案しました ➡ アイデアを出しました

エピソード⑤ 手伝い

一日の流れが見通せる「連絡ボード」を作成したことで、学級全体が見通しをもって教室移動などができるようになった。

POINT
生活をよりよくしようとする意欲をもち、アイデアが学級のために生かされていることを評価することがねらいです。

文例①　○○さんの発案で連絡ボードを作成しました。集会や行事をあらかじめ確認し、書き込むことで、みんなが見通しをもって生活できるようになりました。自ら**生活をよりよく**[A]しようとする意欲が素晴らしいです。

文例②　担任の指示を待って動くことに疑問を感じ、連絡ボードを作成しました。それによって、集会や行事などに学級全体が自分たちで遅れず移動できるようになりました。**問題意識をもって**[B]行動する姿勢に成長を感じます。

文例③　集会や行事の直前に突然学級が慌ただしくなり、急いで移動を始める状況を、**なんとか改善したいと考え**[C]、一日の予定が一覧できる連絡ボードの作成を提案しました。○○さんのアイデアで、学級のみんなが余裕をもった生活を送ることができるようになりました。

言い換え表現

A 生活をよりよく ➡ 便利に
B 問題意識をもって ➡ 不便さを改善しようと
C なんとか改善したいと考え ➡ 自ら変えようという意欲的な姿勢から

Type 05 まわりのために動ける子

周囲の状況に気配りができ、献身的に動ける

エピソード❶ 給食

給食の時間に、当番でなくても人手が足りないときには牛乳配りの仕事を行い、配膳がスムーズに進んだ。

POINT

給食当番が専科の教室から帰るのが遅いときなど、人が困っている様子を感じ取り、給食台を拭いたり配膳の用意をしたり行動に移せることを評価します。気配りの姿勢をほめることで、本人の励みになるように書きます。

文例① 頼まれなくても、給食の時間には人が足りないときには牛乳を進んで配っています。人が困っている様子を察知し、**まわりのために気を配って**[A]動けるところが立派です。

文例② 給食の時間には、人が足りないと当番でなくても自分から牛乳を配ったり、配膳を手伝ったりしています。それを、**誰にも言わずに**[B]そっと行えるさり気なさも素敵なところです。

文例③ 自分のことは、てきぱきと終えて、常にまわりを見渡して**できることをやろうとする気配り**[C]ができます。○○さんのおかげで、いつも滞りなく物事が進みます。

文例④ 自分の係ではないときにも、「何か、配るものはありませんか」と声をかけて進んで仕事をします。まわりの様子を判断し、**自分にできることを**[D]行おうとする**意欲が素晴らしいです**[E]。

言い換え表現

A まわりのために気を配って ➡ 相手のことを考えて

B 誰にも言わずに ➡ 頼まれる前に

C できることをやろうとする気配り ➡ 人のために行動しようとする心遣い

D 自分にできることを ➡ 献身的に

E 意欲が素晴らしいです ➡ 姿勢に感心しています

エピソード❷ 休み時間　あいさつ

高学年として学校の規則を理解し、下級生に呼びかけることができる。

● POINT
気持ちよく学校生活を送るために、率先して規則を守り、全校児童に呼びかけているところを評価します。

文例 ①　休み時間、下級生が校庭でやってはいけない遊びをしていたとき、きちんと理由を説明して注意していました。**高学年として**[A]の自覚を感じました。

文例 ②　あいさつ当番のとき、登校してくる全校児童に積極的にあいさつをし、ポケットに手を入れている子に、「危ないので手を出そう」と呼びかけるなどして**けがの防止に努めました**[B]。さまざまな気配りができるのは高学年ならではです。

言い換え表現

A 高学年として ➡ 学校のリーダーとして
B けがの防止に努めました ➡ 自覚ある行動がとれました

エピソード❸ 掃除

自分の休み時間が短くなっても、まわりのために清掃活動に黙々と取り組んでいた。

● POINT
人が嫌がる仕事に率先して取り組む姿勢を評価します。また、それが「よりよい学校・学級」をつくっていると伝えることで、さらに意欲的に取り組むようになります。

文例 ①　細かいところにもよく目が行き届き、清掃活動では、**どんな小さな汚れも見逃さず**[A]、最後まで確実に仕事をこなします。

文例 ②　「自分が学校をきれいにして、みんなが気持ちよく生活できるようにしたい」と言っていた言葉通り、自分にできることを見つけて行動できました。○○くんの背中を見て、クラスの友だちも**ついていこう**[B]とする姿が見え始めています。

言い換え表現

A **どんな小さな汚れも見逃さず** ➡ 隅々まできれいにし、ゴミ1つ残さず

B **ついていこう** ➡ 見習おう

エピソード④ 手伝い

書写の時間、友だちが床にこぼしてしまった墨を、きれいになるまで一生懸命拭いていた。

POINT
友だちのために手が汚れても一生懸命拭くやさしさ、自分にできることをいつも探して実行に移す行動力を評価します。

文例① 書写の時間に友だちが墨をこぼしてしまったときには、手が汚れることも気にせずに最後まで一緒に拭いてあげていました。友だちが困っている様子を見て、**さっと動ける**[A]行動力とやさしさが伝わってきました。

文例② 書写の片づけのときに、墨をこぼしてしまった友だちのために、自分の作業を中断して床を拭いてくれました。休み時間になっても最後まで片づけを手伝い、謝る友だちを「気にしなくていいよ」と気遣う○○さんの**笑顔が素敵でした**[B]。

言い換え表現

A **さっと動ける** ➡ 自分のことを後回しにして動く

B **笑顔が素敵でした** ➡ やさしさが笑顔に表れていました

エピソード⑤ 生活態度

人のために動く大切さを理解し、どうしたらクラスのみんなが過ごしやすくなるかを考えて行動することできた。

POINT
クラスのみんなが過ごしやすいような心配りや気遣いができ、気づいたことは行動に移すことができているのは、人のために動く大切さを理解している表れです。人のために動くことがいかに尊いことなのかを加えて保護者に伝えましょう。

文例① 専科の教室に移動する前には、みんなの椅子をきれいに整頓したり、給食の食器を重ねやすいように整理したりしていました。年間を通じて「人のために動く大切さ」をクラスのみんなに**教えてくれました**[A]。

文例② 教室移動の際には、電気を消したり窓やドアを閉めたりしました。**心ある行動をくり返す**[B]○○くんに、友だちも担任も信頼を深めています。

言い換え表現

A **教えてくれました** ➡ 行動で示してくれました

B **心ある行動をくり返す** ➡ みんなのために何ができるかを考えて行動に移せる

エピソード⑥ 生活態度

転入生に、学校生活のリズムに慣れるまで、一から丁寧に学校の決まりを教えてあげることができた。

POINT

転入生の立場に立ち、親身になって不安なことを取り除いてあげようとする姿勢を評価します。自分の身支度をすぐに終わらせ、友だちのために動く積極性と行動力を伝えると保護者も喜ぶことでしょう。

文例① 転入生がやってきたその日から、転入生の立場に立ち、「大丈夫だよ！　私が案内するから。ここのルールは～だよ」と進んで学校の場所や決まりについて教えてあげることができました。**丁寧に根気強く**[A]、友だちを**支えてあげる**[B]姿が立派でした。

文例② 困っている友だちがいると、「どうしたの？」と相手の目を見て、やさしく声をかけます。長時間でも、その友だちが元気になるまで声をかけ続けたり先生に伝えに行ったりと親身になってかかわることができ、**友だちから信頼されています**[C]。

言い換え表現

A **丁寧に根気強く** ➡ きっちりと最後まで諦めることなく

B **支えてあげる** ➡ 思いやる

C **友だちから信頼されています** ➡ クラスの中で頼られる存在です

Type 06 クラスをまとめる子

段取りがよく、リーダーシップを発揮できる

エピソード❶ 係活動 クラス遊び

「みんなで楽しく」の時間を企画運営する係になってから、毎回アンケートをとり、クラスのみんなが楽しめるよう計画的に準備を進めることができた。

● POINT
週1回、みんなが楽しめる時間になるように、計画的に準備を進め、クラスの遊びを確実に運営できたことを評価します。

文例① 「みんなで楽しく係」では、週に1回みんなが楽しめる遊びを考え、準備をし、先頭に立って運営しました。**見通しをもって考える**[A]ことができるので、毎回クラスみんなで楽しい時間を過ごすことができました。

文例② 「みんなで楽しく係」では、毎回アンケートをとり、**みんながやりたい遊び**[B]を企画していました。クラスみんなが楽しめる時間になるように計画的に準備を進めていました。

言い換え表現

A 見通しをもって考える ➡ 計画的に準備を進める

B みんながやりたい遊び ➡ 楽しめる遊び

エピソード❷ 休み時間

休み時間になるといつもみんなを集め、遊びの中心となる。友だちのやりたい遊びを聞き、いろいろな遊びに興じている。

● POINT
遊びをまとめることはもちろん、みんなの気持ちをしっかり確認し、配慮することで、リーダーシップを発揮していることを評価し、本人の意欲を引き出します。

文例① 休み時間になると、○○さんを中心に、男女関係なく友だちが集まってきます。**自分の意見を押し通す**[A]のではなく、みんなのやりたい遊びも聞き、いろいろな遊びに取り組む姿が、信頼を集めているようです。

文例② 休み時間の遊びの中心に、いつも○○さんの顔があります。男女問わずいろいろな友だちのやりたい遊びを聞き、それを心から楽しむ姿勢**が友だちをひきつけている**[B]ようです。

言い換え表現

A **自分の意見を押し通す** ➡ 自分の希望を提案する

B **～が友だちをひきつけている** ➡ ～に友だちが集まる

エピソード❸ 掃除

個性豊かなメンバーをひとつにまとめ、仕事をきちんと行っていた。

POINT

さまざまな個性をもった子どもたちの集団をまとめていくことは、非常に大変なことであり、苦労したであろうことを思いやり、その中で頑張ったことを評価することで自信をもたせていきます。

文例① 掃除リーダーとしてグループのみんなをまとめていました。○○さんが「こうした方がいいと思うよ」と言うと、周囲の友だちは納得し、穏やかに話し合いが進んでいくので、いつも速くきれいに掃除を終わらせることができました。**人の気持ちをよく考え**[A]、みんなをまとめることができるからこそです。

文例② 「無言清掃」というめあてがなかなか達成されない中、○○さんは、グループのみんなにめあてを守ろうと話しかけ、自ら進んで模範を示していました。その姿に賛同する友だちが増え、無言清掃ができるようになってきています。○○さん**のリーダーとしての存在の大きさをみんなが感じています**[B]。

言い換え表現

A **人の気持ちをよく考え** ➡ 人を思いやり

B **～のリーダーとしての存在の大きさを感じています** ➡ ～をリーダーとしてみんなが頼りにしています

エピソード④ あいさつ

あいさつのできる学校にしようというめあてをもって、クラスに声をかけ、あいさつを進んでしていた。

POINT
あいさつができる学校にするために、まず、あいさつができるクラスにしたいと声をかけました。そのためには自分がいちばんあいさつができるようになることが大事だと気づき実行していることを評価します。

文例① あいさつ月間の取り組みの中で、「まず、1組があいさつができるクラスになろう！」と**みんなに声をかけました**[A]。そして、自ら進んで大きな声であいさつをしていました。朝、教室にあいさつを元気よくして入ってくる○○さんのおかげで、あいさつの輪が広がってきています。

文例② 1年生と門であいさつをする活動をしたことをきっかけに、「もっとあいさつができる学校にしたい」という気持ちを強くもつようになりました。すれ違う先生方に進んで大きな声であいさつをする姿を、周囲の友だちが見習うようになりました。あいさつ隊をつくろうと提案し、**中心になって話し合いを進めることができました**[B]。

言い換え表現

A みんなに声をかけました ➡ 提案することができました

B 中心になって話し合いを進めることができました ➡ みんなの心がひとつにまとまるように話し合うきっかけをつくりました

エピソード⑤ 放課後

放課後にみんなで一緒に遊ぶ時間を計画し、実行した。

POINT
遊びを通してリーダーシップを発揮し、クラスがまとまっていることを評価します。

文例① 放課後になると、クラスの仲間が大勢でまわりを囲み、遊びの相談を始めます。遊びに参加できる仲間が増えるように、遊び場を変えたり声をかけたりしてみんなをリードする姿は、クラスになくてはならない**大きな存在**[A]です。

生活 Type 06 クラスをまとめる子

文例② クラスみんなで遊べるように、ルールやチーム分けを工夫したり、「いいね！ いいね！」「ナイスキャッチ！」など、大きな声で励ましたり**する姿がとても頼もしいです**[B]。

言い換え表現

A 大きな存在 ➡ 太くて大きな柱

B する姿がとても頼もしいです ➡ することでクラスをひとつにまとめています

エピソード⑥ 生活態度

最高学年として、メリハリのある生活を送りたいと願い、自らがリーダーとなって「やってみせる」ことで周囲の仲間にも影響を与えた。

POINT

人に指示するだけではなく、自分がやってみせることで、まわりを納得させたその行動を評価します。それが学級に浸透したことを伝えると、さらに自信をもつようになります。

文例① けじめのあるクラスを実現するために、自らが率先して楽しいときには大いに笑い、学習には集中して取り組むという「○○くんスタイル」がクラス全体にも**浸透してきました**[A]。

文例② 最高学年という意識をもち、率先して「メリハリのある生活をみせる」ことで、周囲も○○くんの行動に影響を受けています。広い視野で学級のことを見たり考えたりすることでき、友だちからも**一目置かれる**[B]存在です。

言い換え表現

A 浸透してきました ➡ 広がってきました

B 一目置かれる ➡ 信頼される／頼りにされる

Type 07 積極的に自己表現できる子

自分なりの思いや考えをさまざまに表現できる

エピソード① 朝の会

その日の朝刊で話題になった記事を、自分の考えを交えて、朝の会のスピーチで発表することができた。

● POINT
自分の考えをみんなの前で堂々と発表できる表現力と、社会に対する高い関心を評価します。仲間も発表を聞いて、自分の考えをもつことができるようになったことを伝えます。

文例① 朝のスピーチでは、新聞記事から選挙の話題を選んで、みんなの前で発表しました。国民の政治に対する関心が低い理由を説明して、「責任をもって投票する大人になる」と、**堂々と宣言しました**[A]。

文例② 朝の会のスピーチで、新聞記事にあった投票率が低迷する原因について発表しました。政治を変えていくのは国民一人ひとりだという発表は、クラスの仲間にも、社会の問題に**目を向ける**[B]きっかけを与えました。

言い換え表現

A **堂々と宣言しました** ➡ 力強く主張しました

B **目を向ける** ➡ 関心をもたせる

エピソード② 休み時間

雨で校庭に出られない休み時間に、自分で用意した曲を流して、仲間と一緒にダンスを練習した。クラスの仲間もその姿を見て見よう見まねで一緒に踊った。

● POINT
自分の得意なことで、クラスを明るくしようとする積極性を評価します。仲間が自然と集まり、楽しさがクラスに広がっていく様子を伝えます。

文例① 雨の日の休み時間には、自分で用意した曲を流して、仲間と一緒にダンスの練習をしています。**弾むような**[A]踊りに、見ていた友だちも思わず仲間に入り、みんなに笑顔が広がりました。

文例② 休み時間に仲間とダンスの練習を始めると、リズムに誘われた友だちも見よう見まねで一緒に踊り始めました。仲間の**思い思いの**[B]ダンスを笑顔で見ながら、力強い拍手でみんなを盛り上げました。

言い換え表現

A 弾むような ➡ 元気いっぱいな

B 思い思いの ➡ 個性的な

エピソード③ 学級会

クラスのみんなから、なかなか意見が出てこないようなときでも、自分の考えを堂々と発表することができる。

POINT

どんな課題に対しても真剣に向き合って考えをもち、考えたことを臆することなく伝えることができることを評価します。

文例① 学級や学年の話し合いの際、まわりの友だちがなかなか意見を言えないでいると、率先して手を挙げ、自分の考えを発表することができます。どんな課題に対しても**真剣に向き合って考えようとする**[A]姿勢をもっているところに高学年の自覚を感じます。

文例② **自分の思いや考え**[B]を言葉にして友だちの前で発表するということは、時として勇気がいることですが、○○さんは、どんなときも率先して発表します。課題を自分のこととしてとらえ、真剣に考えている証です。

文例③ 学級での話し合いのとき、なかなかアイデアが出ずに話し合いが行き詰まりそうになると、○○さんが必ず何か意見を言います。アイデアの出にくい状況で自分の意見を言うのは難しいことですが、議論が行き詰まったときこそ積極的に発言しようという姿勢が、クラスの友だちから**信頼を集めています**[C]。

言い換え表現

A 真剣に向き合って考えようとする ➡ 自分と向き合って自分の心の声に耳を傾けようとする

B 自分の思いや考え ➡ 自分の気持ちや意見

C 信頼を集めています ➡ 頼りにされています

エピソード④ あいさつ

どんな人にも大きな声と明るい笑顔であいさつをすることができた。

POINT

あいさつは相手の目を見て、大きな声で明るく行うという姿勢をもち続けたこと、特定の人に対してではなく、どんな人に対してもあいさつできたこと、あいさつの気持ちよさへの気づきができたことを伝えるとよいでしょう。

文例① あいさつ月間では、校門に立ち、クラスの誰よりも大きな声で朝のあいさつ活動に取り組みました。相手の目を見て、大きな声と明るい笑顔であいさつする姿は、**全校児童の模範となりました**[A]。

文例② あいさつ月間が終わっても、気持ちのよい元気なあいさつが変わることはありませんでした。自分で決めたことを貫き通す、強い意志がまわりの**仲間の心を動かします**[B]。下級生に対するやさしいあいさつにも、学校を力強く引っ張る高学年としての自覚が表れていました。

言い換え表現

A ～する姿は、全校児童の模範となりました ➡ ～している○○さんを誇りに思います／～して誰よりも誠実に取り組んでいます

B 仲間の心を動かします ➡ みんなの自覚を促します

エピソード❺ 生活態度

輪に入れないでいる友だちに進んで声をかけ、仲よくできた。

● POINT

学級の中の友だち関係の中で、ちょっとしたトラブルで輪からはずれてしまった友だちにも明るく声をかけ、元気を取り戻させる明るさを認め評価します。

文例① 一人で寂しそうにしている友だちに声をかけ、遊びの輪に入れ仲よく遊ぶことができました。「みんなで遊んだほうが楽しいよ！」と誰にでも声をかけ、クラスを明るくしてくれる○○さんの力に**みんなが助けられています**[A]。

文例② けんかをしている友だちがいると仲裁に入り、明るくアドバイスをするので、みんなで思わず笑顔になってしまいました。○○さんの言葉には、**人を元気にする力があります**[B]。

文例③ 休み時間にみんながサッカーをしているとき、遠くからそれを見ていた子に声をかけて、自分のチームに入れて遊びました。初めて遊ぶメンバーの中で気後れしがちなその子に、積極的にパスを回したり声をかけたりして、**仲間に入りやすい**[C]雰囲気をつくりました。

言い換え表現

A みんなが助けられています ➡ 勇気をもらった友だちがたくさんいます
B 人を元気にする力があります ➡ まわりを明るくする活力があります
C 仲間に入りやすい ➡ とけこみやすい

Type 08 友だちとのかかわりがよくできる子

誰とでも仲よくでき、低学年の子の世話も得意

エピソード❶ 係活動　クラス遊び

友だちのために自分にできることを考えて、「お楽しみ会」を企画し、実行に移すことができた。

POINT
友だちが喜んでくれるように考えて行動することは簡単なことではありません。内面の成長を見取り、評価することで、豊かな心を育むことができると考えます。

文例① 企画係では、クラス全員での遊びやメッセージカードづくりなど、係の仲間と協力して、思い出に残る「お楽しみ会」を企画しました。友だちが喜んでくれるようにと、**時間を惜しまず**[A]話し合いを行いました。

文例② 自分の考えた企画で、クラスのみんなが喜んでいる姿を見て、とても嬉しそうにしていました。笑顔いっぱいの○○さんの姿が**印象的でした**[B]。

言い換え表現

A 時間を惜しまず ➡ みんなが納得いくまで
B 印象的でした ➡ 忘れられません／輝いて見えました

エピソード❷ 給食　休み時間

高学年として、給食や休み時間、または掃除のときに、1年生の世話を親身に行っていた。

POINT
高学年という自覚をもち、1年生に合わせたかかわり方で親身に世話をしている様子を評価して伝えます。

文例① 休み時間になると、パートナーをはじめ何人もの1年生が○○さんのそばに寄ってきます。明るくやさしく、**親身にかかわってくれる**[A]○○さんが大好きなのです。

文例② 給食の準備時間になると1年生のお世話に行き、配膳の仕方を**丁寧に**[B]教える姿がとてもほほえましいです。

言い換え表現

A 親身にかかわってくれる ➡ 話を聞いてくれる

B 丁寧に ➡ 1年生の目線に立って

エピソード❸ 生活態度

特に仲よしの友だち以外にも、積極的に自分から話しかけ、新たな友だちの輪を広げていくことができた。

● POINT

人とのつながりの大切さが再認識された今、自分から積極的に人とつながっていこうと自然にできることは素晴らしいことです。男女関係なくやさしく公平に接することができ、友だちから信頼されていることを保護者に伝えます。

文例① **多くの人に自分から声をかけ**[A]、友だちの輪を広げていきました。ムードメーカー的な存在として学級や学年を盛り上げることも多くありました。人とのつながりの大切さが再認識されたこの時代、非常に重要な力が備わっていると感じます。

文例② 仲のよい友だちに**固執するのではなく**[B]、**たくさんの友だちに**[C]積極的に声をかけ友だちの輪を広げていきました。そんな○○くんに、クラスだけでなく学年のみんなが信頼を寄せています。

文例③ 休んでいた友だちが登校したときには、体調を気遣い、休み中の活動などを詳しく教えてあげていました。男女関係なく誰に対してもやさしく接することができるので、**友だちからの信頼も厚いです**[D]。

言い換え表現

A 多くの人に自分から声をかけ ➡ 積極的にたくさんの友だちとかかわろうとして

B 固執するのではなく ➡ 縛られることなく

C たくさんの友だちに ➡ 分け隔てなく多くの人に

D 友だちからの信頼も厚いです ➡ 男女問わず頼りにされています

エピソード④ 生活態度

ゴミを拾って捨てる、友だちの上着をフックにかけ直すなど、小さなことにもよく気がつき、一つひとつを丁寧に片づけた。

POINT
小さなことでも見過ごさず、その都度行動することができる態度を評価します。自分では意識していないことでも、ひとつの行動がクラスの仲間にも少なからずよい影響を与えていることを伝えます。

文例① 教室にゴミが落ちていると、当たり前のように拾って捨てに行きます。人が見過ごしがちな小さなことにも、よく気づき躊躇せずに行動できる誠実さが、**仲間からの信頼を集めています**[A]。

文例② 教室を移動するときには、他の学年であっても、フックから外れた上着や帽子を当たり前のように拾って、サッとかけ直してくれます。言葉で伝えなくても、その誠実な態度がクラス**みんなの心にしっかりと残り**[B]、厚い信頼を集めています。

言い換え表現

A 仲間からの信頼を集めています ➡ 仲間から頼りにされています
B みんなの心にしっかりと残り ➡ みんなが目指すべき姿を示し

エピソード⑤ 生活態度

友だちと意見が合わないことがあっても、冷静に話し合い、お互いの意見の違いを認め合うことができた。

POINT
意見が合わない仲間でも、大事な接点を探そうとする態度を評価します。自分と違う意見の人がいることを認め、冷静に話し合えたことを伝えましょう。

文例① 友だちと意見が合わないことがあっても、自分の感じたことをうまく言葉に表し、相手を理解しようと**真っ直ぐに向き合う**[A]誠実さがいちばんの魅力です。

文例② 友だち同士で意見が衝突することもありますが、○○さんはそんなときでも、**冷静に**[B]相手の話を聞いて話し合うことができます。

生活
Type 08
友だちとのかかわりがよくできる子

文例③ 自分と意見が合わない友だちがいても、相手の話を最後までじっくりと聞いて、わかり合える部分を見つけ出そうと**真剣に向き合う**[C]ことができます。

言い換え表現

A 真っ直ぐに向き合う ➡ 真剣に話を聞く
B 冷静に ➡ 自分の意見を押しつけることなく
C 真剣に向き合う ➡ 諦めずに取り組む

エピソード⑥ クラス替え

クラス替えで慣れない学級の中で、誰にでもやさしく声をかけ、不安を取り除くように努めた。

POINT
新しいメンバーでスタートする不安な学期初めに、思いやりある言動で友だちと接し、クラスの雰囲気を明るくしようとしていたことを評価します。

文例① クラス替えで落ち着かないクラスメイトに、笑顔で「よろしく！」と自分から声をかけていました。何をしていいか戸惑っている友だちに「一緒にやろう」と話しかけ、相手が不安にならないように**気遣う**[A]ことができました。

文例② 新しい学級で戸惑うクラスメイトの気持ちを察して担任に質問に来て、友だちにやさしく伝えていました。困っている子には、**すぐに声をかけ**[B]、手伝っていました。新しい学級を楽しい学級にしていきたいという思いが感じられました。

文例③ クラス替えの後の休み時間には、クラスにまだなじめていないクラスメイトに声をかけ、みんなで一緒に遊ぶことで、打ち解けやすい雰囲気をつくりました。**学級全体のことを考える**[C]姿勢が身についています。

言い換え表現

A 気遣う ➡ 思いやりある行動をとる
B すぐに声をかけ ➡ やさしく接し
C 学級全体のことを考える ➡ 誰に対しても思いやりをもって向き合う

Type 09 さまざまな場面でよさを発揮する子

テストの成績に表れない頑張りや努力ができる

エピソード1 係活動　生活態度

学級内がなんとなくだらけた雰囲気になったとき、自分で変えようと自主的に新たな活動を始めた。

● POINT
自分の力でクラスを変えていこうとする主体的な態度を評価します。この行動が学級にどう影響したのかを伝えると、「次はどんな活動をしようか」と、新たに考えるようになり、子どもの主体性を伸ばします。

文例① 「高学年としてやるべきことがある」と、自主的に「宿題チェック」の活動を始めました。○○さんの取り組みのおかげで、「忘れ物を減らそう」「当たり前のことを当たり前にやろう」という意識が学級全体に根づいています。最高学年を迎えるにあたって、みんなの**士気が高まりました**[A]。

文例② ○○さんが始めた「宿題チェック」の取り組みはクラス全体にも浸透し、宿題だけでなく、持ち物忘れを減らすことにもつながりました。自分たちでクラスを変えようとする姿勢に**感心しました**[B]。

言い換え表現

A 士気が高まりました ➡ モチベーションが上がりました／心に火をつけました

B 感心しました ➡ 成長を感じました／高学年としての頼もしさを感じました

エピソード2 係活動　掃除

1年生の給食の手伝いや、友だちの掃除の手伝いをすることで、友だちからの信頼を得ることができた。

● POINT
自分のことは後回しにしても、人のために動いたり、公平に考えたりできることを評価します。

文例① 給食の時間に１年生のお手伝いに行ったときには、自分の給食の時間が少なくなっても１年生の**給食の準備が終わるまで**[A]手伝いをすることができました。

文例② 掃除に時間がかかっている友だちの様子を見たら、自分の休み時間が減っても手伝いに行くことができ、そのやさしさに**クラスの友だちの信頼を深めています**[B]。

言い換え表現

A **給食の準備ができるまで** ➡ きちんと食べられるようになるまで

B **クラスの友だちの信頼を深めています** ➡ クラスのみんなが○○さんを信じて頼りにしています

エピソード③ 休み時間

誰に対しても、明るく気さくに声をかけ、休み時間になると、クラス全体に呼びかけ大勢で遊ぶきっかけをつくっている。

POINT

高学年になると、クラスによっては男女間に壁ができてしまうこともあります。クラス全体が仲よくなるきっかけをつくることができるムードメーカーであることを大いに評価します。

文例① 休み時間はできるだけ多くの友だちと一緒に遊びたいと考え、クラス全体に「遊ぼう！」と声をかけています。誰に対しても**明るく公平に**[A]接することのできる○○さんのおかげで、男女関係なくみんなが仲よく遊ぶことのできるクラスになっています。

文例② 休み時間になると、たくさんの友だちと元気に遊んでいます。○○さんの声かけで男女関係なくみんなで仲よく遊ぶ機会が増え、**学級の雰囲気が明るく**[B]なりました。

言い換え表現

A **明るく公平に** ➡ 分け隔てなく

B **学級の雰囲気が明るく** ➡ 交流が活発に

エピソード❹ 休み時間

休み時間に、クラスの仲間を集めて将棋教室を開いた。初めての仲間にも丁寧に教えてあげることができ、将棋仲間が増えていくことを喜んでいた。

● POINT

教えることの喜びを知って、大きく成長した様子を評価します。自分の得意なことが、クラスのためになっていることに気づいた様子を具体的に書いて伝えます。

文例① 休み時間には、クラスの仲間が集まってきて、将棋教室が始まります。初心者の友だちにも、駒の動かし方や、ルールを丁寧に説明して、将棋のおもしろさを伝えることができました。今では○○さんに教えてもらって将棋を始めた子が、新しい仲間に将棋を教えるようになっており、○○さんを中心に将棋の**輪がどんどん広がっています**[A]。

文例② 自分が将棋を教えた仲間同士が対戦している様子を観戦し、笑顔でうなずきながら、**うれしそうに勝敗の行方を見守っていました**[B]。

言い換え表現

A **輪がどんどん広がっています** ➡ 仲間が増えています

B **うれしそうに勝敗の行方を見守っていました** ➡ 上達を自分のことのように喜んでいました

エピソード❺ あいさつ

誰にでも明るくあいさつができ、学校にあいさつの輪を広げようとしていた。

● POINT

恥ずかしかったり面倒だったり、高学年になるとあいさつの声が小さくなりがちです。その中で、誰にでも大きな声であいさつをする態度は、あいさつの習慣への手本になることを評価します。

文例① 朝、教室に大きな声であいさつをしながら入ってきます。主事さんからも大きな声であいさつをする○年生がいるとほめられました。「あいさつができる人はバッジをつけよう」という提案は、学級の**あいさつへの意識を高めるきっかけ**[A]になりました。

生活

Type 09

さまざまな場面でよさを発揮する子

文例② 1年生の教室で「あいさつは大きな声でしよう」と、手本を見せてくれました。○○さんの丁寧な指導のおかげで、1年生のあいさつの声が大きくなったと評判です。○○さんのあいさつの声が**お手本になり**[B]、あいさつの**声が広がっています**[C]。

言い換え表現

A あいさつへの意識を高めるきっかけ ➡ あいさつの大切さを考える機会

B お手本になり ➡ よい見本を示し

C 声が広がっています ➡ 意識が高まっています

エピソード⑥ 生活態度

人のために役立つ大切さを理解して、学校生活全般においてまわりのために動こうとすることが習慣化できた。

POINT

学校生活全般において、まわりに目を向け、どうしたら自分も友だちも過ごしやすくなるかを考えて、行動することができていることを評価し、保護者に伝えます。

文例① 学級では、「人のために役に立つこと」を呼びかけていますが、いちばん実践しているのが○○くんです。給食の片づけがしやすいようにお椀を毎回整えたり、誰かが発言しようとするといち早く気づいてみんなの**視線が集まる**[A]よう呼びかけたりすることができます。その行動にまわりの友だちも信頼を寄せています。

文例② 自分も友だちも気持ちよく学校生活を送れるようにするために、日常生活の**ちょっとした心配り**[B]ができます。教室にゴミが落ちているとほうきを持ちだして掃除をしたり、ゴミ箱がいっぱいになっているとさりげなくゴミ捨てに行ったりしてくれました。

言い換え表現

A 視線が集まる ➡ 目が向けられる

B ちょっとした心配り ➡ 何気ない気遣い

Type 10 人望がある子

目立たないが、縁の下の力持ちとしてクラスを支える

エピソード❶ 係活動　クラス遊び

卒業までの時間が残り少ないことを誰よりも実感して、クラスで遊ぶ時間を計画するなど積極的に思い出づくりを提案し、楽しいクラスが卒業まで続くことを願っていた。

POINT
残された時間を大切にしたいと願う心情を評価します。日頃の何気ない場面でもあふれる気持ちは言葉や行いに表れてきます。

文例① 小学校最後のクラスの仲間をかけがえのないものと考え、卒業前の一日一日を大切に過ごしていることがわかります。クラスで遊ぶ時間をもつことを企画したときは、「もう終わっちゃうの？」「今度はいつにする？」といった何気ない声が、みんなの**心の奥に響いて広がりました**[A]。

文例② 卒業を前にして、「楽しい時間は短いね」「あと何回くらいできるかな」という言葉から、みんなで**一緒にいられる時間**[B]を大切にしたいという強い願いが、クラスの仲間に広がりました。

言い換え表現

A **心の奥に響いて広がりました** ➡ 心に深く伝わりました

B **一緒にいられる時間** ➡ ともに過ごせる瞬間

エピソード❷ 給食　休み時間

友だちに対してやさしく、困っている友だちには、分け隔てなく声をかけた。

POINT
友だちに対する声かけが優しかったり、困っている友だちをすぐに助けたりすることができる、友だちを大切にする姿勢を評価します。

文例① 誰に対しても公平な見方ができるので、クラス遊びも全員が心地よく、満足のいく形で楽しむことができます。**○○さんのまわりには笑い声が絶えません**[A]。

文例② 友だちが給食をこぼしても、さり気なく手伝うことができます。面倒なことも嫌がらずに行動に移せるので、友だちから**信頼される**[B]存在になっています。

言い換え表現

A **○○さんのまわりには笑い声が絶えません** ➡ ○○さんはムードメーカー的存在です／○○さんは頼りにされています

B **信頼される** ➡ 尊敬される／慕われる

エピソード❸ 休み時間

クラスの外にも多くの友だちをもち、いつも遊びの中心にいます。

POINT
休み時間になるとたくさんの友だちに声をかける積極性や、多人数で遊べる人望の厚さを評価します。

文例① 休み時間になると、他のクラスからも子どもたちが集まります。○○さんは、いつもその中心的存在です。全員の気持ちに配慮することができる**○○さんへの信頼の表れです**[A]。

文例② ○○さんの声かけで、みんな一斉に校庭に飛び出していきます。トラブルを上手に解決し、人の気持ちを大事にできるところが**信頼を得ることにつながっています**[B]。

言い換え表現

A **○○さんへの信頼の表れです** ➡ ○○さんが一目置かれている証拠です

B **信頼を得ることにつながっています** ➡ 人をひきつけているのでしょう

エピソード❹ 生活態度

明朗快活でやさしく、善悪の判断を的確にすることができる。

POINT
まわりに流されず的確に状況判断ができる力や、友だちから信頼されている人間性やリーダー性を伝えられるようにします。

文例① 学習でも遊びでも、「最後まで真剣に取り組むこと」「ルールを守ること」「誰に対しても悪いことは悪い、よいことはよいと伝えること」の大切さを、**相手の気持ちを考えながら**[A]、時には言葉で、時には態度でクラス全体に知らせてくれました。

文例② 友だちが困っているときには、ずっとそばに寄り添い、やさしく静かに話を聞きながら励ましていました。誰に対しても思いやりのある行動をとることができる○○さんがいると、**みんながやさしい気持ちになります**[B]。

言い換え表現

A 相手の気持ちを考えながら ➡ 誰に対しても公平に接しながら

B みんながやさしい気持ちになります ➡ みんなの心がなごみます／クラスの雰囲気がよくなります

エピソード⑤ 生活態度

人によって態度を変えず、誰に対しても同じように接することができ、はっきりと自分の考えを述べることができた。

POINT
「人によって態度を変えないこと」「ダメなものはダメと言えること」など、人望がある理由を具体的に書くとよいでしょう。そのよさを前面に出した所見にします。

文例① 誰に対しても公平な見方で接し、相手のよさを自然に見つけられる**確かな目をもっています**[A]。クラスでトラブルがあったときも、常に中立の立場で話を聞くことができるので、人望が厚いです。

文例② はっきりと自分の意見を述べることができます。「ダメなことはダメ」と言える勇気と、公平・公正な判断力があり、**周囲からの信頼は絶大です**[B]。

言い換え表現

A 確かな目をもっています ➡ よさがあります／力があります

B 周囲からの信頼は絶大です ➡ 友だちから大きな信頼を得ています

エピソード❻ 生活態度

高学年になってから、周囲に流されず自分の信念を貫き通せるようになり、友だちからの信頼が厚くなった。

POINT

自分が正しいと思うことをやり通すのは勇気がいることです。まず、そのことを評価します。今後さらにこうしてほしいという担任の思いを伝えてもいいでしょう。

文例① まわりに流されなくなり、自分が「正しいと思うことをやる」と心がけ、クラスの仲間にも**絶大な影響を与える**[A]存在となっています。

文例② 周囲に関係なく、自分の**信念を貫ける**[B]ようになりました。今後は、学級だけでなく、学校全体にも目を向けられるよう励ましていきます。

言い換え表現

A 絶大な影響を与える ➡ プラスの力をもたらす／大幅な信頼が寄せられる

B 信念を貫ける ➡ 信じる道を進める

エピソード❼ 生活態度

係でも当番でもない仕事を黙々と続けることができる。

POINT

自ら仕事を見つけ、自分の意志で続けていることを、高学年の態度として評価します。

文例① 誰に言われたわけでもなく、自主的に始めた「牛乳キャップのビニールはがし」の活動は、まさに高学年が目指す「自主・自立」の精神です。自分が行っている単純な作業が、**周囲の笑顔をつくります**[A]。

文例② 学級で飼っているカメの世話を一番しているのは○○さんです。水の取り換えなど人が嫌がる仕事を率先して行ったり、水槽がきれいに保たれるように進んで掃除したりしています。「みんなのために」という**意識が定着しています**[B]。

言い換え表現

A 周囲の笑顔をつくります ➡ 周囲にゆとりをもたらします

B 意識が定着しています ➡ 意識が高まっています

Type 11 特別な支援で力を発揮できる子

サポートがあれば、前向きに取り組むことができる

エピソード1 朝の会

朝の会や帰りの会の流れを理解し、会を進行することできるようになった。

● POINT

大きな声で自信をもって司会をしている姿を紹介し、会の流れを理解したことを評価して伝える。

文例① 日直のときには、大きな声で朝の会や帰りの会の司会をしたり、あいさつの号令をかけたりすることができました。当たり前のように思えることを当たり前にできるところ**が、○○くんの素敵なところです**[A]。

文例② 朝の会では、日直としてみんなの前に立ち、クラスの仲間も思わず笑顔になるような元気なあいさつで一日を始めることができました。クラスの仲間と心が通い合った瞬間を感じ取り、笑顔で席に戻る姿に、**大きな心の成長**[B]を感じました。

言い換え表現

A **〜が、○○くんの素敵なところです** ➡ 〜を、自信にしてほしいと思います

B **大きな心の成長** ➡ 自分のよさを発見した自信

エピソード2 休み時間　生活態度

好奇心旺盛でさまざまなことに興味をもちつつも、何をする時間か考えながら行動できるようになった。

● POINT

好奇心旺盛でどんなことにも興味を示すことを認めるとよいでしょう。そのうえで、話を聞くとき、作業をするとき、遊ぶときなどその場に応じて適した行動ができるようになったことを伝えましょう。

文例① 休み時間は、いろいろなことに興味が向き、友だちとのかかわりが少なかったのですが、誘われて校庭で遊んだことをきっかけに、集団

でボール遊びなどができるようになりました。**表情も生き生きしています**[A]。

文例② 好奇心旺盛でさまざまなことに興味を示すことができます。「今は、話を聞くとき」「今は、遊ぶとき」というふうに、何度もくり返し練習することで、授業中に離席することもなくなり、**落ち着いて**[B]話を聞くことができるようになってきました。

言い換え表現

A 表情も生き生きしています ➡ 顔つきも明るくなりました

B 落ち着いて ➡ 人の目を見て／姿勢を正しくして

エピソード③ 手伝い

Type 11

下校時に、流しのマットがずれていたり、靴箱が汚れていたりすると、いつも進んで清掃していた。

POINT

ゴミが落ちていたり汚れていたりしているところを素通りするのではなく、よいことを自分で考えて行動に移すことができる素直な心を評価し、伝えられるようにします。

文例① 廊下のマットがずれていることに気づくと、自然に手を伸ばしてきれいに直していました。気づいたことをすぐに**実行に移せる姿が、クラスのお手本になりました**[A]。

文例② 放課後、○○さんが1年生の靴箱の靴を全部出して小ぼうきで砂をとっていました。その後、靴のかかとをそろえてきれいに並べてそっと下校していった姿に**やさしさを感じました**[B]。

言い換え表現

A 実行に移せる姿が、クラスのお手本になりました ➡ 行動に移すことができ、心の成長を感じます

B やさしさを感じました ➡ ○○さんの成長を実感しました

エピソード❹ 生活態度

困っている友だちがいると、やさしく声をかけることができる。

●POINT
クラスの友だちという意識が高くなり、自分はこのクラスのメンバーなのだという気持ちをもっていることを評価して伝えます。

文例① 困っている友だちには「ぼくが、話を聞いてあげる」と言って寄り添う姿にやさしさを感じます。友だちはクラスの大切な仲間ということを**しっかりと認識しています**[A]。

文例② 「ありがとう」「ごめんなさい」と言うことが身についてきました。言えるようになったことで、**大きなトラブルに発展することがなく、友だちとも楽しそうに過ごすことができる**[B]ようになりました。

言い換え表現

A しっかりと認識しています ➡ 感じ取っているからこその行動です

B 大きなトラブルに発展することがなく、友だちとも楽しそうに過ごすことができる ➡ あつれきを生むことなく、友だちからも受け入れられる

エピソード❺ 生活態度

自分から進んでクラスのために何かをしようという様子が見られ、友だちとの交流が増えてきた。

●POINT
まわりの様子を見て、自分なりに判断し、行動に移そうとする気持ちが芽生えたことを成長ととらえ、評価します。

文例① 担任以外の先生からもほめてもらうことが多い2学期でした。あいさつがよくできたこと、進んで栽培委員会の仕事をしたことなど**成長を感じます**[A]。

文例② 掃除中にさっとゴミを捨ててきたり、給食中に牛乳配りを手伝ったり、自分の係ではないことにも気づいて**進んで仕事をしました**[B]。まわりの様子を見て判断し行動できることは、**素晴らしいことです**[C]。

言い換え表現

A **成長を感じます** ➡ まわりの様子に関心をもち始めています
B **進んで仕事をしました** ➡ 自発的に行動しました
C **素晴らしいことです** ➡ 大きな成長の証です

エピソード❻ 生活態度

感情が抑えられずにいた子が、自分で感情をコントロールすることができるようになり、落ち着いて生活ができるようになった。

POINT
感情をコントロールすることができるようになったことで、落ち着いて生活することができ、係や当番の仕事も責任をもって行うことができるようになったことを保護者に伝えます。

文例① **学校生活のさまざまな場面**[A]で落ち着いて行動することができるようになりました。**感情のコントロールが上手にできるようになり**[B]、落ち着いて学校生活を送れるようになって、成長が見られます。

文例② 感情のコントロールがうまくできるようになり、友だちとの意見のすれ違いやちょっとした誤解などにも冷静に対応し、**学校生活を落ち着いて送る**[C]ことができました。

文例③ 友だちと意見がぶつかったりして気分の高ぶりを感じたとき、落ち着いてから改めて自分の気持ちとその状況を見つめ直すことで、感情をコントロールする力が身についてきました。学習や係活動の仕事に**取り組む姿勢も変わり**[D]、成長を感じます。

言い換え表現

A **学校生活のさまざまな場面** ➡ 学校生活全般
B **感情のコントロールが上手にできるようになり** ➡ 気分にまかせて行動することがなくなり
C **学校生活を落ち着いて送る** ➡ 落ち着いて学習に向かう
D **取り組む姿勢も変わり** ➡ 対する意識に変化が見られ

Type 12 所見を書きにくい子

その子なりの頑張りや努力が見えにくい

エピソード❶ 生活態度

まわりに対して自己表現することは少ないが、見通しを立てた生活を送ることができるようになった。

POINT
目立たなくても、日常の生活場面から、確実にできていることを見つけて評価します。担任がしっかりとその子を見ていることが伝わるようにします。

文例① 空いている時間に課題を進めたり、言われなくても連絡帳を書いたりと、自分のやるべきことを見つけて動いていることが何度もありました。**計画的に物事を進める**[A]ことができるようになってきています。

文例② 少し隙間の時間ができると、自分のやるべきことを見つけて取り組んでいます。連絡帳記入や授業の準備、教室移動など、見通しをもって取り組む**生活習慣が身について**[B]います。

言い換え表現

A 計画的に物事を進める ➡ 見通しをもって取り組む／自分がやるべきことに取り込む

B 生活習慣が身について ➡ 姿勢が定着して

エピソード❷ 生活態度

昼夜逆転の生活になっていて、朝起きられないことが多い。欠席や遅刻が多く、授業にも支障をきたしている。

POINT
保護者の方にも気をつけてもらいたい生活習慣や課題は、きちんと伝えると同時に、遅れても登校することができたことなど、よい面を評価する記述も加えます。

文例① 水泳に興味をもち、水泳の授業がある時は朝から張りきって登校することができます。生活リズムをつけて、朝すっきり起きられるように**声をかけていきます**[A]。

文例② 欠席が少なくなり、毎日しっかりと登校しようという気持ちの高まりが感じられます。生活のリズムを整えていくことで、毎日登校できるようになるよう、**励ましていきます**[B]。

言い換え表現

A 声をかけていきます ➡ ゲームの時間などルールを決め、就寝時間を見直していきましょう

B 励ましていきます ➡ ご家庭で協力して生活リズムを整えていきましょう

エピソード③ 生活態度

朝の時間の異学年交流では、下学年をいたわる様子が見られた。

● POINT

下学年を意識して、楽しめる遊びを提案し、1年生のパートナーを気遣いながらよい交流ができたことを評価します。

文例① フレンドワールド実行委員として、下級生が楽しめる遊びを提案したり、周囲の状況をよく見て臨機応変に対応したりするなど、高学年らしい態度が身についており、○○さんの**成長を感じます**[A]。

文例② 朝の交流遊びの時間には、下級生のことを思い、楽しめる遊びを考え出しました。遊びの中でも、1年生のパートナーを気遣い、やさしく声をかける**姿が印象的でした**[B]。

文例③ 異学年との交流遊びでは、下級生に気を配ることができており、困っている下級生には「ぼくが、話を聞いてあげようか」と言って寄り添う姿に、年下の子ども**に対する配慮とやさしさを感じます**[C]。高学年として、下級生を気遣うかかわり方を身につけています。

言い換え表現

A 成長を感じます ➡ やさしさが目を引きます

B 姿が印象的でした ➡ 姿に成長を感じました

C ～に対する配慮とやさしさを感じます ➡ ～に対して気を配る姿勢が光ります

エピソード❹ 生活態度

朝、一日の予定を確認しておくと、自分から次の準備をする様子が見られた。

● POINT
授業の準備など、先を見通して行動できるようになったことを評価して伝えます。

文例① 朝の会で一日の予定を確認すると、次の授業の準備がきちんとできるようになりました。指示を聞く前に先のことを考えて行動できるのは、**素晴らしいことです**[A]。

文例② 朝の会で一日の流れをしっかりと確認できるようになりました。すると次の授業の準備が早くなり、専科授業の教室移動も自分から声をかけて素早く移動できるようになりました。先を見通した行動ができるのは**まさに高学年の姿です**[B]。

文例③ 朝の会でその日の予定を確認し、見通しをもって生活をすることができるようになりました。授業の時間になったらすぐに学習に入ることができるように、前もって次の授業の準備をすることで、**学習への意欲**[C]も高まっています。

言い換え表現

A **素晴らしいことです** ➡ 大きな成長です
B **まさに高学年の姿です** ➡ 高学年としての意識の高まりを感じます
C **学習への意欲** ➡ 学ぼうとする意識

行事に関する所見文例

Type 01 こつこつ頑張る子

目立たないけど、課題はしっかりやってくる

エピソード❶ 運動会

倒立ができないことに引け目を感じていたが、運動会に向けてこつこつと練習に取り組み、できるようになった。

POINT
自分を高めようと諦めずに挑戦する強い心情を評価します。児童が感じている達成感を、児童の具体的な様子で表現します。

文例① 倒立ができない悔しさをバネにして、ひたむきに努力しました。放課後や家での苦労のあとが練習カードからわかります。自分の中の壁を自分の力で乗り越えたという**達成感**[A]が、ピンと伸びたつま先から伝わってきました。

文例② 学校では見せない努力の様子を、しわのついた練習カードが物語っています。よく伸びた指先や、前を見据える鋭い視線に、自分が**壁を乗り越えてきた**[B]という自信が伝わってきました。

言い換え表現

A **達成感** ➡ 充実した気持ち
B **壁を乗り越えてきた** ➡ 大きく成長できた

エピソード❷ 学芸会

学芸会に向けて、進んで練習に取り組み、希望の役につき、劇を成功させることができた。

POINT
オーディションや本番の成功に向けた過程の姿を評価することで、粘り強く取り組むことの大切さを感じ取らせ、さらなる意欲につなげていけるようにします。

文例① 学芸会では、時間を見つけては、抑揚や間の取り方に気をつけて台詞の練習に取り組みました。オーディションでは練習の成果を発揮し、

希望の役につくことができました。役が決まったあとも、練習をさらに重ねる姿に、**役への強い自覚**[A]を感じました。

文例② 学芸会では、時間を見つけては、本番に向けて練習に取り組みました。間の取り方や抑揚、表情など、自分で**課題を見つけて取り組む**[B]姿には、「学芸会を成功させるんだ」という決意が感じられました。

言い換え表現

A 役への強い自覚 ➡ 役への強いやる気

B 課題を見つけて取り組む ➡ 欠点を直していく

エピソード③ 学芸会

学芸会では、裏方として道具作り、照明などを担当して、劇の成功に貢献した。

POINT
やりたかった役になれなかった悔しさを、裏方の仕事に打ち込むことで前向きな力に変えたところを評価します。

文例① 学芸会では、「小道具作り」の中心を担い、細かい作業にも一生懸命に取り組みました。自分が作ったものが舞台上で使われているのを見て、とても嬉しそうでした。役づくりだけではなく、道具作りでも○○さんの**力を発揮することができました**[A]。

文例② 学芸会では、いちばんやりたかった役になることはできませんでしたが、担当した役になりきって演じることができました。また、照明係にもなり、台本通りにしっかりと照明の操作をして、**劇の成功に貢献しました**[B]。

言い換え表現

A 力を発揮することができました
➡ センスが光りました

B 劇の成功に貢献しました ➡ 劇成功の立役者となりました

エピソード❹ 展覧会

課題に対して、素直に向き合うことができた。自分の納得がいくまで、根気強く作品づくりに取り組むことができた。

● POINT
まわりの子どもたちのペースに左右されることなく、最後まで自分のペースで、納得がいくまで努力する姿から、本人の強い意志を感じたことを伝えます。

文例① 展覧会の立体作品「○○」の制作では、丈夫な作品に仕上げるために和紙を何層にも貼っていきました。授業では今日はここまで仕上げるという**目標を立てて計画通りに作業を進め**[A]、素晴らしい作品に仕上げることができました。

文例② 展覧会の平面作品の制作では、デザインを決めてから色を塗り終えるまで一つひとつの工程を計画通りに進めることができました。目標を決めたらそれに向かってこつこつ努力する姿が**○○さんのよいところです**[B]。

言い換え表現

A **目標を立てて計画通りに作業を進め** ➡ 段階的な計画に沿って作業を進め
B **○○さんのよいところです** ➡ クラスの模範になっています

エピソード❺ 展覧会

家庭科の「生活に役立つもの」作りでは、作品のデザインから仕上げまでしっかりと取り組むことができた。

● POINT
どんな作品を作るかを決めてから、デザイン、ワッペンの刺繍、縫製まで自分の力で仕上げたことを評価します。

文例① 展覧会の家庭科「生活に役立つもの」では、見事なクッションを作ることができました。一針一針手縫いで刺繍を仕上げたワッペンには、サッカーが好きな○○さんの気持ちがよく表れていて、**見る人の目をひきつけました**[A]。

文例② 展覧会の家庭科「生活に役立つもの」の製作では、トートバッグを作ろうと早くから布を用意するなど意欲的でした。一時、裏地がうまくつけられずに困ったこともありましたが、試行錯誤しながらすべての作業を自分の力で**やり遂げることができました**[B]。観点1

言い換え表現

A 見る人の目をひきつけました ➡ 注目の的でした

B やり遂げることができました ➡ 仕上げることができました

エピソード6 マラソン大会

マラソン大会に向けて練習を重ね、走ったタイムを記録カードにつけた。

POINT
持久走に対して自分で高い目標を決めて取り組む実行力と、意志の強さを評価します。

文例① 持久走では、フルマラソンカードの目標距離を完走しました。自分で目標を決めて早朝に登校し、毎日こつこつと**走り続ける強い意志と向上心が、素晴らしいです**[A]。

文例② 持久走では、フルマラソンカードの目標距離の完走に向けて、毎日時間を見つけては校庭に出て、走っていました。フルマラソンカードを完走することで、自分で決めた目標に到達する達成感を味わうとともに、自信**につなげることができた**[B]と思います。

言い換え表現

A 走り続ける強い意志と向上心が、素晴らしいです ➡ 走り続け、努力を続けることができる意志の強さを感じます

B ～につなげることができた ➡ ～をもつことができた

行事 Type 01 こつこつ頑張る子

Type 02 一芸に秀でた子

勉強以外で得意なことをもっている

エピソード❶ 移動教室

移動教室の実行委員となり、しおり・歌集作り、キャンプファイヤーなどいろいろな場面で活躍した。

POINT

実行委員として、計画的に作業を進め、しおり、歌集などを作り上げたことやキャンプファイヤーで特技を発揮したことを取り上げて評価します。

文例① 移動教室では、自分から進んで実行委員になりました。しおり作りでは、ページの割り付けや原稿依頼、表紙の絵など○○さんの才能を発揮して、**素晴らしいものを**[A]作り上げることができました。

文例② 移動教室の一大イベントであるキャンプファイヤーでは、○○さんの考えたゲームで学年間の交流が深まり、学年全体が盛り上がりました。大きな声でうたったりダンスをしたりと、みんなの気持ちをひとつにした**素晴らしい牽引力でした**[B]。

言い換え表現

A **素晴らしいものを** ➡ 役立つ1冊を

B **素晴らしい牽引力でした** ➡ 盛り上げ方には脱帽です

エピソード❷ 運動会

「絶対に1位になりたい！」という思いを達成させるために、強い気持ちで練習でも本番でも力を出しきった。

POINT

負けず嫌いで、常に強気でいられる意志の強さを評価します。また、足が速いという特性を自分のよさとして感じている子どもの頑張りを認め、より意欲を高めるとよいでしょう。

文例① 徒競走では、「絶対に1位になるぞ」と強い思いをもって、練習でも本番でも全力を出しきりました。歯を食いしばり、腕を大きく振り、まっすぐ前を見て走ることで、見事1位になり、**自信がついた**[A]ことでしょう。

文例 ② 運動会の棒倒しでは、友だちと進んで勝利につながる作戦を立てました。足の速さを生かし、先陣を切って、攻め込む姿は素晴らしいもので、同じチームの**友だちの意欲までも高める**[B]ことができました。

言い換え表現

A **自信がついた** ➡ 達成感を味わえた／勝つ喜びを味わえた

B **友だちの意欲までも高める** ➡ 友だちとの結束力をも高める

エピソード ❸ 運動会

失敗をくり返しながらも練習を積み重ね、50mハードル走で区内新記録を樹立することができた。

POINT
持ち前の運動能力とたゆまぬ努力で目標を達成させた頑張りを評価します。努力も才能のひとつであることを書くと、子どもの可能性をさらに伸ばせると考えます。

文例 ① 練習では、歩幅が合わず何度も失敗をしましたが、踏み切りの位置を変えながら**試行錯誤した**[A]結果、リズミカルにハードルをまたぎ越せるようになり、区内新記録を出すことができました。**観点 2**

文例 ② 区内新記録を更新した連合陸上大会では、練習での失敗から多くのことを学びました。それを本番で**自分の力に変える**[B]ことができたのは立派な才能です。

言い換え表現

A **試行錯誤した** ➡ 練習をくり返した

B **～で自分の力に変える** ➡ ～の結果に結びつける

エピソード ❹ 運動会　子ども祭り

絵やデザインが得意で、運動会のスローガンや子ども祭りのポスターを見事に仕上げた。

POINT
垂れ幕やポスターを作るとき、字体や色などに絶妙なセンスを発揮して、素晴らしい仕上がりになったことを伝えます。

文例①　絵を描いたりデザインしたりすることが大好きで、オリジナリティあふれる素晴らしい作品を仕上げることができます。運動会の開会式で○○さんが手掛けたスローガンの垂れ幕が下りてきたときには、**拍手喝采でした**[A]。

文例②　子ども祭りのお店をPRするポスターは、○○さんのアイデアで素晴らしい出来栄えとなりました。作品づくりをしているときは**真剣そのもので**[B]、あふれ出るアイデアは天性のものです。

言い換え表現

A 拍手喝采でした ➡ 観客の目を釘づけにしました

B 真剣そのもので ➡ 目を輝かせていて

エピソード⑤ 連合運動会

区の連合運動会では2種目に出場し、どちらも素晴らしい成績をおさめた。

POINT
もともとの身体能力の高さもありますが、練習には絶対に手を抜かないで立ち向かったことが、よい記録につながったことを評価します。

文例①　区の連合運動会では、50mハードル走で2位、女子選抜リレーでは区内1位の成績をおさめることができました。日頃の練習で人一倍走り込み、**決して弱音をはかない**[A]姿勢が、素晴らしい結果に結びつきました。

文例②　区の連合運動会では、走り高跳びの選手としてエントリーしました。持ち前の身体能力に加え、人一倍練習を積み重ねてきたことで**自己ベストを更新することができました**[B]。

言い換え表現

A 決して弱音をはかない ➡ 絶対に苦しそうな表情を見せない

B 自己ベストを更新することができました ➡ 区内○位の成績をおさめることができました

エピソード❻ 学芸会

学芸会の大道具係として、毎日放課後遅くまで残り、友だちに指示を出しながら、段取りよく大道具を作っていくことができた。

● POINT
大道具の係の仕事に誇りをもち、期限までに仕上げるために段取りよく道具を作っていくことができたのは、逆算力がついてきている表れです。責任感が高まっていることとともに、段取り力がついてきていることを評価します。

文例① 放課後、毎日のように遅くまで残り、大道具を仕上げていきました。○○さんは、中心的な役割を担い、段取りよく友だちに指示を出しながら作業を進めていきました。**その姿が非常に頼もしく友だちの信頼を厚くしました**[A]。

文例② 見本の絵をもとに、大きな段ボールの板に素早く下書きをするのと同時に、必要な絵の具の色をつくってくるように同じ係の子にお願いして、**段取りよく**[B]作業が進めるように工夫していました。○○さんの段取り力のおかげで、本番までに大道具を作り上げることができました。

言い換え表現

A その姿が非常に頼もしく友だちの信頼を厚くしました ➡ その姿に多くの友だちが信頼感を深めました

B 段取りよく ➡ 見通しをもって

エピソード❼ 学芸会

学芸会で音響の操作を担当して、曲を流すタイミング、音量など絶妙な調整を一人でやり遂げた。

● POINT
趣味を極めるとみんなに貢献できる力になるという気づきを評価します。得意なことを通してクラスをよくしようとする様子を具体的に表現します。

文例① 音を流すタイミングや適切な音量をまとめた表を自作し、機器の故障に備えた手順もしっかりと把握しながら、真剣に友だちの演技を見つめる姿がとても**頼もしかったです**[A]。

行事 Type 02 一芸に秀でた子

文例② 学芸会では音響の操作担当に意欲的に取り組み、効果音を流すタイミングや音量の調節を、劇の進み具合に合わせて何度も書き換え、自分の脚本に書き込んでいきました。友だちの演技を音響で生かすことができる**おもしろさを実感している**[B]様子でした。

言い換え表現

A **頼もしかったです** ➡ 大きく目に映りました
B **おもしろさを実感している** ➡ 充実感を得た

エピソード⑧ 学芸会

学芸会に向けて練習から本番まで真剣に臨み、本番も堂々と演じていた。また、自分の台詞以外の場面も意識して考え、劇を成功させようとしていた。

POINT
学芸会本番のことだけでなく、役に自ら立候補した積極性や、練習にも真剣に取り組んで劇を成功させようとしていた様子を伝えられるようにするとよいでしょう。

文例① 学芸会ではオープニング役に立候補し、練習では自分の台詞の行間を意識しながら立ち位置や動きを考えていました。大きな声で張りのある堂々とした台詞は**劇の幕開けにふさわしく、観客の気持ちを一気にひきつけました**[A]。

文例② 学芸会では、自分の台詞がない場面でも主体的に練習に取り組み、友だちと立ち位置や動きを考えて工夫していました。本番では自信をもって演技することができ、**真剣に練習を積み重ねた成果が表れていました**[B]。

言い換え表現

A **～は劇の幕開けにふさわしく、観客の気持ちを一気にひきつけました** ➡ ～に、常に真剣に練習を重ねてきた成果を感じました
B **真剣に練習を積み重ねた成果が表れていました** ➡ 劇を大いに盛り上げました

Type 03 知識が豊富な子

歴史や地理、科学などへの興味が高い

エピソード❶ 移動教室

移動教室に向けて、学習する史跡のことを調べ、それをクイズ形式で発表した。

● POINT
知識を、友だちに伝わりやすいように工夫しているところを評価することで、これからも知識をみんなのために役立てようという意欲をもたせます。

文例① 移動教室に向けて、自分が調べてきた東照宮に関する知識を、クイズ形式で発表しました。ユーモアを交えた**聞き手の立場に立った発表**[A]のおかげで、みんなの現地での学習が、より豊かなものとなりました。

文例② 移動教室に向けて、東照宮のことを事前に調べてきました。ただ発表するのではなく、相手の気持ちを考え、**聞く意欲がわく**[B]クイズ形式にしたところに、やさしさが感じられます。

言い換え表現

A **聞き手の立場に立った発表** ➡ わかりやすい発表

B **聞く意欲がわく** ➡ 思わず聞き入ってしまう

エピソード❷ 移動教室

移動教室で行った「生物多様性」の実験である「アリの観察」では昆虫博士の力を発揮した。

● POINT
「アリの観察」に先立ち、パソコンや図鑑を駆使して種類などを調べているところを意欲の表れとして評価します。

文例① 移動教室では、「生物多様性」の実験としてアリを採取し、住んでいる場所や体の大きさ、色など細かな部分まで観察をすることができました。事前に調べた知識を生かし、班の友だちにアドバイスしたり、分類したりするなど**大活躍でした**[A]。

文例② 移動教室では、アリの観察を通して「生物多様性」の学習をしました。出かける前にしっかりと調べ学習ができていたのでアリの特徴がすぐわかり、**学習活動の中心になって分類することができました**[B]。

言い換え表現

A 大活躍でした ➡ 中心になって進めることができました

B 学習活動の中心になって分類することができました ➡ ○○さんのアドバイスですぐに分類することができました

エピソード❸ 遠足

高尾山の遠足のオリエンテーリングで豊かな知識を生かして活躍した。

POINT

高尾山の遠足では、オリエンテーリングのクイズで大活躍しました。植物の知識を活動に生かすことができたことを評価します。

文例① 高尾山の遠足で行ったオリエンテーリングでは、次々とクイズに答えて一番に頂上に着きました。これも○○さんが植物のことをよく知っていた**からこその快挙です**[A]。

文例② 高尾山の遠足では、見過ごしてしまいそうな小さな植物にも目を向け、**まるで植物博士のように名前を教えてくれました**[B]。**○○さんの違った一面を見ることができました**[C]。

言い換え表現

A からこその快挙です ➡ おかげです

B まるで植物博士のように名前を教えてくれました ➡ 豊富な知識を友だちに披露しました

C ○○さんの違った一面を見ることができました ➡ 植物に心を寄せる○○さんのやさしさに触れた思いがしました

エピソード❹ 子ども祭り

「子ども祭り」では昆虫館を教室に実現させた。

POINT
大好きな昆虫をお客さまに見せたいという希望が、友だちに支持され、昆虫館を開きました。改めてその知識の豊かさを評価します。

文例① 子ども祭りでは、大好きな昆虫をお客さまに見てもらおうと昆虫館を企画して作りました。展示をする中で、住んでいる場所や餌、特徴など細部まで詳しく展示内容に盛り込んでいき、その知識の豊富さに**友だちも驚きの連続でした**[A]。

文例② 子ども祭りでは、願いがかない、昆虫館の企画を教室で実現することができました。できるだけ自然に近いかたちで展示できるようにまわりの背景などにも工夫を凝らしました。その知識の豊富さ**に友だちから感嘆の声が上がりました**[B]。

言い換え表現

A **友だちも驚きの連続でした** ➡ 一目置かれる存在となりました

B **～に友だちから感嘆の声が上がりました** ➡ ～はクラスで右に出る者がいません

エピソード❺ 学芸会

学芸会の役になりきるために、声質、表情、身振りにこだわり、練習に取り組むことができた。

POINT
学芸会の仕上がりのみでなく練習過程を評価し、保護者に伝えます。その際に、自分自身で役に合わせて創意工夫したことなど、保護者が具体的にイメージできるように記述するとよいでしょう。

文例① 学芸会の練習では、魔法使いになりきるために、図書室で魔女や魔法使いの関連書を探し、イメージを膨らませました。声のトーンの上げ下げをしたり、表情や身振りを何パターンもやってみたりと**試行錯誤しながら**[A]劇を仕上げました。

文例② 学芸会の練習では、グループになり、友だちの演技の「よいところ見つけ」を進んで行いました。「○○さんの動きは～なのでよかったと思います」と具体的に根拠をもって発言し、**真似し合う**[B]ことで、**お互いに高め合う**[C]ことができました。

言い換え 表現

A 試行錯誤しながら ➡ いろいろなやり方で挑戦しながら

B 真似し合う ➡ ほめ合う

C お互いに高め合う ➡ 友だちのよさを認め合う

エピソード⑥ 学芸会

学芸会の役づくりのために、友だちと協力したり、教師のアドバイスを素直に聞いたりしていた。

POINT

学芸会の役づくりのために、友だちに声の大きさを確かめてもらったり、表情を見てもらったりして努力している様子を評価します。

文例① 学芸会では第○場面の「○○」の役に挑戦し、真剣に練習をくり返しました。体育館の後ろの人にまではっきりと聞こえるように、早口言葉やゆっくり話す練習をして、本番では**大きな声で**[A]台詞を言うことができました。

文例② 学芸会では、「○○」の役に立候補し、懸命に台詞の練習に取り組みました。「この台詞はどんな顔で、どのくらいの速さで言えばいいかな」と演技の仕方について友だちと相談し、劇を見ている人が楽しめるように**工夫を重ねました**[B]。

文例③ ○○さんは、友だちが演じているときも、その台詞に合わせて、表情をくるくると変えて練習を楽しんでいました。**明るい表情で登場し**[C]、場の雰囲気を温かいものにすることができます。

言い換え表現

A **大きな声で** ➡ 口を大きく開けて相手によくわかるように

B **工夫を重ねました** ➡ 創意工夫をしました

C **明るい表情で登場し** ➡ 笑顔で役を演じ／心を込めて演技し

エピソード❼ 学校行事への取り組み ～○周年行事～

校舎見学会でお客さまに校舎をご案内する役に立候補した。決められた台本を覚えるだけでなく、自分なりの説明をつけ加えたり、お客さまからの質問に臨機応変に対応したりすることができた。

POINT

機転を利かせて決められた場所以外の説明をしたり、お客さまの質問にわかりやすく答えたりしてお客さまを満足させることができたということを伝えます。また、説明することを楽しいと感じている様子も伝えられるとよいと思います。

文例① 校舎見学会では、決められた説明だけでなく、お客さまの要望に答えながら校舎をご案内することができました。校舎案内をしている○○くんの表情から、説明することに楽しみを感じ、今回の体験が**自信になっている**[A]ことが感じ取れました。

文例② 落成式の校舎見学会の案内役に立候補し、お客さまを満足させるご案内をすることができました。階段に掲示してあった写真や各学年の掲示物を**詳しく説明している**[B]姿は、自信に満ちあふれていました。

文例③ 校舎見学会では、見学に来場したお客さまに、校舎をご案内する係に立候補しました。**持ち前の知識と探求心**[C]から、事前に学校の歴史を調べ、決められた台本の他にもさまざまな説明を独自に加えて、お客さまを案内することができました。

言い換え表現

A **自信になっている** ➡ 自信につながった

B **詳しく説明している** ➡ わかりやすく解説する

C **持ち前の知識と探求心** ➡ 豊富な知的好奇心

Type 04 発想が豊かな子

ひらめき力があり、違う視点で発想できる

エピソード❶ 移動教室

林間学校でのキャンプファイヤーを、みんなで楽しみ、思い出深いものにしようと工夫した。

POINT

大きな行事のひとつである林間学校を盛り上げ、思い出に残そうという意欲をもって、セレモニーやゲームを考え、みんなを楽しませる工夫をしたことを評価します。

文例① 林間学校では、キャンプファイヤーの係になり、「最高の思い出をつくる！」とはりきって、ゲームを考えたり、熱心に準備をしたりすることができました。本番では、仮装をして司会をし、ゲームの合間のコメントも楽しく、○○さんの**魅力が発揮され**[A]、キャンプファイヤーがまさしく「最高の思い出」になりました。

文例② 林間学校のキャンプファイヤーでは、火のセレモニーを計画しました。火の神と火の子の衣装を工夫して作り、心に残る言葉を考え、厳かなセレモニーを演出しようと**意欲的に準備をすることができました**[B]。本番は、○○さんの声が夜空に響き、みんなの心がひとつになった瞬間でした。

言い換え表現

A **魅力が発揮され** ➡ 頑張りが輝いて

B **意欲的に準備することができました** ➡ 熱心に取り組むことができました

エピソード❷ 子ども祭り

子ども祭りで担当したモグラたたきゲームの準備で、6年生として胸を張れるような装飾をつくり上げた。

POINT

失敗をくり返しても、よりよいものを追求しようとする態度を評価します。アイデアを駆使してクラスを明るくしようとする様子を伝えます。

文例① モグラたたきゲームでは、叩かれたときのコミカルな動きやモグラに個性をつけた表情、背景ののんびりとした雰囲気などを次々と発案して、6年生として**胸を張れる**[A]楽しいお店をつくり上げました。

文例② 子ども祭りのお店づくりでは、失敗をくり返すうちに、よりよいものをつくっていくヒントに気づいていきます。そんな○○くんの**チャレンジ精神**[B]を、クラスみんなが応援しています。

言い換え表現

A 胸を張れる ➡ 誇りのもてる

B チャレンジ精神 ➡ 諦めない心

エピソード③ 子ども祭り

子ども祭りで、独創的なゲームを編み出し、楽しんでもらう方法を考えた。

POINT
ゲームの仕組みがオリジナリティにあふれ、1年生から6年生までの学年を考慮してルールを考えていることを評価して伝えます。

文例① 子ども祭りでは、「ジャンピング・キャッチ」というゲーム屋さんになり、綿密な計画のもと全校児童を楽しませることができました。豊かな発想で次々にアイデアを提案し、**メンバーをまとめる**[A]ことができました。

文例② 子ども祭りでは、「お化け屋敷」をつくり、メイクや衣装を工夫して「怖さ」を表現しました。今までの見たことのない「お化け屋敷」にしたいと考え、**次々とアイデアを出し**[B]、全校児童を楽しませることができました。

文例③ 安全に低学年から高学年まで楽しめるゲームにはどんなものがあるかを何度もグループで話し合いました。ときには無謀なゲームもあり、その都度修正をくり返していましたが、本番ではお客さまを**楽しませることができました**[C]。

文例④ 子ども祭りでは、紙飛行機をどこまで飛ばせるかを競うゲーム屋さんを開きました。低学年の子どもには紙飛行機の作り方を丁寧に教え、高学年向けにはどうすれば紙飛行機がよく飛ぶようになるかを仕組みから解説するなど、楽しみながら知識を得ることもできるお店をつくり、**豊かな発想力を発揮していました**[D]。

言い換え 表現

A メンバーをまとめる ➡ みんなをひきつける

B 次々とアイデアを出し ➡ 創意工夫を重ね

C ～を楽しませることができました ➡ ～からも注目を集めていました

D 豊かな発想力を発揮していました ➡ 想像力の高さがうかがえました

エピソード❹ 学芸会

学芸会では練習を重ねて役になりきり、本番では、次々とアドリブを入れて会場をわかせることができた。

POINT

自分の役がどういう役なのかを考えて、その役がやりそうなことを次々と考えて実践し、観客を楽しませることができた発想力の高さと行動力を評価します。

文例① 学芸会では、役になりきり大いに会場をわかせました。練習段階では、注意されることも多く悩みながら練習を重ねていきました。しかし、練習毎に少しずつ動きを変えたり、アドリブを入れたりするようになっていきました。発想力が豊かで**柔軟に物事を考えることができる**[A]○○くんの力が発揮された瞬間でした。

文例② 学芸会では、準主役の務めをしっかりと果たしました。役が決まった瞬間から**自分の役はどういう性格なのかを考え**[B]、自分の動きに取り入れていきました。その成果が本番では見事発揮され、会場を大いに盛り上げることができました。

言い換え 表現

A 柔軟に物事を考えることができる ➡ 人のアドバイスを素直に聞いて対応することができる／自分なりに工夫することができる

B 自分の役はどういう性格なのかを考え ➡ 役の人物像を捉え

エピソード⑤ 学芸会

学芸会の舞台で使う大道具、小道具を進んで考え、作ることができた。

POINT
学芸会の劇で使う大道具や小道具の重要性にすぐに気づき、丁寧に作ることができました。細かなところにも目を向け、劇を成功へと導いたことを評価するとよいでしょう。

文例① 学芸会の練習では、魔女が旅するときの背景図（場面絵）が必要であることにいち早く気がつきました。そして、友だちと協力して、場面絵を作成しました。一枚一枚、場面に応じた絵にする**発想の豊かさに感心しました**[A]。

文例② 学芸会の練習では、小道具にも目を向けました。自分の役だけではなく、友だちの役でも必要な小道具のアドバイスをすることができました。**身近にあるもので小道具を作ろうとする発想の柔軟さ**[B]にも驚かされます。

言い換え表現

A 発想の豊かさに感心しました ➡ 発想の豊かさに驚かされました／アイデアの豊富さに感心しました

B 身近にあるもので小道具を作ろうとする発想の柔軟さ ➡ 小道具作りの思考力に長けていること／柔軟に考えられること

エピソード⑥ 学芸会

最後の学芸会を成功させたいという思いから、クラス全員分のお守りを作ってきた。

POINT
自分の思いを行動で表すことは簡単ではありません。今回は、「お守り」という形にした発想を評価し、学級のみんなにもプラスの力を与えたことを伝えます。

文例① ○○役として参加した学芸会は、役になりきることで、**存在感を見せました**[A]。当日は絶対に成功するようにとクラス全員分のお守りを作って、みんなに配ってくれました。

行事
Type 04
発想が豊かな子

文例② 最後の学芸会には、クラスのみんなにお守りを作るなど、友だちを思いやるやさしさ、学芸会にかける**熱い思いを強く感じました**[B]。誰も考えもしなかったその行動が、友だちに勇気を与えました。

言い換え表現

A 存在感を見せました ➡ 見事な演技を披露しました

B 熱い思いを感じました ➡ 本気度が伝わってきました／情熱があふれていました

エピソード⑦ 展覧会

展覧会の作品づくりに工夫しながら熱心に取り組むことができた。

POINT

自分が作りたい作品へのひたむきな取り組みの姿勢を評価します。納得がいくまで何度もやり直したり、最後まで諦めないで作り続けたりするなど、結果だけでなく制作過程の努力を認め、伝えます。

文例① 多色刷り版画では、最後にどのような作品に仕上げたいのか自分のイメージを大切にして作品づくりに取り組みました。版木を掘り進めるときの真剣な眼差しや、少しでもずれた刷り上がりだと**納得いかずにやり直す**[A]真面目な態度が作品に表れ、力強い「羽ばたく鷲」の版画を完成させることができました。**観点 3**

文例② 共同制作のステンドグラスでは、**豊かな発想を次々に提案し**[B]、花と鳥をモチーフにした作品づくりの中心となって制作に取り組みました。細かい線も丁寧にカットし、デザインに合う色のセロハンを友だちの意見をまとめながら貼って仕上げました。ステンドグラスを通した光が、努力を称えるように美しく輝いていました。**観点 3**

言い換え表現

A 納得いかずにやり直す ➡ もっときれいに仕上げたいと思う

B 豊かな発想を次々に提案し ➡ 作品づくりのヒントになる考えを思いつき

Type 05 まわりのために動ける子

周囲の状況に気配りができ、献身的に動ける

エピソード❶ 運動会

運動会に向けての話し合い活動で、できるだけ多くの友だちの意見を聞き、まとめることができた。

● POINT
話し合い活動では、自分の意見を主張するというよりも、クラスのできるだけ多くの友だちの意見を聞き入れるという難しい司会者役をしたことを評価するとよいでしょう。

文例① 運動会に向けての話し合い活動では、「どうしたら成功するか」をテーマとし、できるだけ多くの友だちの意見を取り入れようと、全体に目を向け、**司会進行をすることができました**[A]。

文例② 賛成意見、反対意見が出て、混乱しやすい話し合い活動では、冷静に要点をまとめながら、みんなに話を投げかける心の余裕も見受けられました。**落ち着いて全体を見る**[B]ことができ、頼りになる存在です。

言い換え表現

A **司会進行をすることができました** ➡ 積極的に話し合いを取りまとめていました

B **落ち着いて全体を見る** ➡ みんなの思いにも目を向ける

エピソード❷ 運動会

けがをして運動会に自分は出られないが、クラス全員分のミサンガを作った。

● POINT
自分はけがをしてしまって出られないが、ミサンガを作ってクラスメイトを支えようとした尊い気持ちを丁寧に汲み取り、評価します。

文例① 運動会で、自分はけがをして競技に出ることができないのにもかかわらず、クラスメイトがベストを尽くせるように支えようと考えました。本番までにクラス全員分のミサンガを作ってきたときには、**感動で心が震えました**[A]。

観点1…知識・理解／観点2…思考・判断・表現／観点3…主体的に学習に取り組む態度

文例② 誰よりも運動会を楽しみにして、意欲的に練習に取り組んでいましたが、参加することができなくなってしまい、クラスみんなが残念に思っていました。そんな友だち一人ひとりのために○○さんが作ってくれたミサンガと励ましの言葉にクラスみんなの心が奮い立ち、真剣な思いで競技に参加することができました。**クラスをひとつにまとめた**[B]○○さんにみんなが感謝しています。

言い換え表現

A **感動で心が震えました** ➡ 強く心を動かされました
B **クラスをひとつにまとめた** ➡ クラスのやる気を高めた

エピソード③ 運動会

審判係として、徒競走の審判を行い、順位を間違えないように真剣に取り組んだ。

POINT
運動会では、個人種目、団体表現、リレーの選手など活躍する場面がよく見える競技があります。保護者からは見えにくい子どもの頑張りを伝えます。

文例① 審判係として、各学年の徒競走の審判をしました。練習の成果を生かして、当日は絶対に間違えないという**気迫で仕事をしました**[A]。

文例② 運動会では各学年の徒競走で審判を務めました。選手の順位を決める重要な仕事として、**責任感をもって**[B]練習に取り組み、当日はひとつも順位を間違えず、**審判の仕事をやり遂げました**[C]。

言い換え表現

A 気迫で仕事をしました ➡ 意気込みで取り組みました
B 責任感をもって ➡ やりがいを感じながら
C 審判の仕事をやり遂げました ➡ 自分の責務を全うしました

エピソード❹ 学芸会

劇の裏方の仕事を兼任し、忙しいながらも工夫して仕事を行いどちらも成功させた。

POINT
練習や準備に忙しい学芸会で、裏方の仕事を兼任し、劇の成功を願って劇を支える仕事に責任をもって取り組んでいたことを明らかにして記述します。

文例① 学芸会では、裏方の仕事である音響と大道具の仕事を兼任し、空いている時間に道具の準備を率先して行いました。時間的にも厳しい中で、弱音をはかずに劇の成功を願って**ひたむきに準備を進めていく**[A]姿が輝いていました。

文例② 学芸会では、進んで裏方の仕事に立候補しました。「縁の下の力持ちになって、劇を成功させたい！」という力強い言葉通り、音響と大道具という重要な役割を見事にやり遂げることができました。二つの仕事を引き受けたことで、苦労も多かったのですが、弱音をはくことなくやり遂げたこの経験は、これからの○○さん**を支えてくれる**[B]ことと思います。

文例③ 学芸会では自ら進んで大道具と音響の仕事を兼任しました。劇を成功させるためには出演する仲間たちとの協力が必要だと考え、シーンごとに出演する役者の子どもたちに声をかけて相談し、その**意見を取り入れながら**[C]大道具製作と音響づくりに励みました。本番では○○さんの演出が役者たちの演技を見事に引き立て、その仕上がりを舞台の裏から見つめる○○さんの表情も誇らしげでした。

言い換え表現

A ひたむきに準備を進めていく ➡ 地道に取り組む
B ～を支えてくれる ➡ ～の力を伸ばしてくれる
C 意見を取り入れながら ➡ 要望を熱心に聞いて取り入れ

Type 06 クラスをまとめる子

段取りがよく、リーダーシップを発揮できる

エピソード❶ 運動会

運動会の練習でグループリーダーとなり、休み時間などに友だちに声をかけて進んで練習することができた。

●POINT
リーダーとしてグループをまとめて練習に取り組んでいたことや、クラスのムードメーカーとして誰に対してもやさしく公平に接している様子を評価します。

文例① 運動会では、△△リーダーとして計画を立てて練習に取り組んでいました。練習中にトラブルがあったときには、みんなの意見を聞いて話し合いを進めて解決するなど、誰に対しても**平等に、責任感をもって行動する**[A]ことができます。

文例② 運動会では、△△リーダーに立候補しました。休み時間や放課後には「みんなで練習しようよ！」と声をかけて、計画的に練習をしました。**意欲的に行動する**[B]○○さんの姿はクラスに活気を与えます。

言い換え表現

A **平等に、責任感をもって行動する** ➡ やさしく、公平な態度で接する

B **意欲的に行動する** ➡ 率先して取り組む

エピソード❷ 学芸会

設定された学芸会の練習時間だけでは足りないと思い、学年全体に声をかけ、学年で朝練習に取り組むようになった。

●POINT
教師に言われて行動を起こしたのではなく、自ら必要性を感じてみんなに呼びかけることができたことを指摘し、評価します。

文例① 学芸会本番が近づくと練習時間に不安を感じ、「朝練をやろう！」と学年全体に呼びかけて取り組んでいました。**学年のリーダーシップをとることができています**[A]。

文例② 真剣な顔で担任のもとにやって来て、「明日から朝練をしたいので、練習につき合ってもらえませんか」と言ってきました。今どういう状況でどうするべきなのかを自分で考えようとし、それを行動に移すことができているのだと感じました。学芸会の成功を願う力強い言葉に**感動しました**[B]。

言い換え表現

A **学年のリーダーシップをとることができています** ➡ 学年をリードする存在になってきています

B **感動しました** ➡ 頼もしさを感じました

エピソード③ 学芸会

場面のリーダーを任されたことに戸惑いながらも、仲間を大切にして責任をもって劇をつくりあげた。

POINT
自信をもてずにスタートしながらも、プレッシャーに負けず、大きく堂々とした動作で演技する楽しさを仲間に広めた様子を、児童の具体的な言葉から明らかにし、評価します。

文例① 学芸会では第一場面のリーダーを務めました。友だちのアイデアを「それ、いいね！」と言って取り上げ、楽しみながら高め合う雰囲気を生み出すことで、**見どころ満載の劇をつくり上げました**[A]。

文例② 学芸会で第一場面のリーダーとなったことに、最初は戸惑っていたものの、自分の考えで押し切るのではなく、「おもしろそうだね」と言って友だちのアイデアをうまく取り上げみんな**のやる気を引き出し**[B]、生き生きとした場面をつくり上げました。

言い換え表現

A **見どころ満載の劇をつくり上げました** ➡ 楽しさが詰まった劇を成功させる立役者となりました

B **～のやる気を引き出し** ➡ ～を本気にさせ

エピソード④ なわとび大会

長なわとびの記録を少しでも伸ばそうと、率先して声をかけたり練習に誘ったりして、クラスの団結力を高め、新記録達成に大きく貢献した。

POINT
行事のときには、クラスのリーダーになる子が必ずいます。普段、クラスをまとめる子とは違うこともあります。できるだけ具体的に書くことで、別の場面でもリーダーシップをとれるようになります。

文例① 長なわとびの回し手として、練習のある前日には必ずみんなに声をかけたり、練習後は反省会を開いたりして、**記録更新へつなげる**[A]ことができました。

文例② 長なわとびでは、みんなが気持ちよくよく跳べるように、失敗の原因を分析したり誰よりも声を出したりして、クラスを**引っ張りました**[B]。

文例③ なわとび大会に向けての練習では、順番を見直したり、縄に入る位置を確認したりしながら練習を続け、みんなの士気を高めました。それが**クラスの団結を生み**[C]、新記録に大きく貢献しました。

言い換え表現

A **記録更新へつなげる** ➡ 目標を達成させる
B **引っ張りました** ➡ リードしました／まとめました
C **クラスの団結を生み** ➡ クラスに一体感をもたらし

エピソード⑤ 地域交流

「ふれあい給食」「展覧会ミニ学芸員」など、当日は温かい気持ちで高齢者の方や地域の方をおもてなしし、ふれあいの中でリーダーシップを発揮することができた。

POINT
高齢者の方や地域の方とのふれあいの活動の中で、その意義をよく理解して相手をもてなすことができたことを評価します。

文例① 展覧会では「ミニ学芸員」として、地域や保護者の方に各学年の作品やそのよいところについて、丁寧に説明することができました。事前に作品について十分にリサーチをして臨むようにまわりの友だちにも伝えながら、誰よりも活発に活動していました。意義を理解し意欲的に取り組むことができるのが○○さんの**素晴らしいところです**[A]。

文例② 高齢者の方々をお招きしての「ふれあい給食」では、実行委員として計画を立てました。随所に温かなおもてなしの心がこもっており、当日はたくさんのお礼の言葉をいただき、**達成感を感じることができました**[B]。

文例③ 「ふれあい給食」の準備では、まずお客さまの名札を作ることから始めました。一人ひとりフルネームで丁寧に仕上げる姿から、お客さまを思う○○さんの**やさしさを感じました**[C]。

文例④ 地域清掃では、進んで清掃活動に取り組みました。「ここも、きれいにしようよ」などと、意欲をみんなにも広げました。きれいになった道路を見て、**達成感を味わうことができました**[D]。

言い換え表現

A **素晴らしいところです** ➡ 成長を感じます

B **達成感を感じることができました** ➡ やり切る喜びを感じることができました

C **やさしさを感じました** ➡ 人を思いやる気持ちが伝わってきました

D **達成感を味わうことができました** ➡ 満足そうな表情をしていました

エピソード⑥ 書き初め展　記念式典

指示をしっかりと聞いて学習に励むだけでなく、率先して片づけを行う姿がみんなの信頼を集めていた。

POINT

真面目な態度で学習し、さらに学級全体への目配りもしていることに着目します。率先して活動することができるのでクラス全体によい影響を与えていることを認め、評価します。

文例① 書初め展のための練習で○○の文字を書いたときには、背筋をまっすぐに伸ばして筆を正しく持って書くことができました。また、書き終わると、自分の周囲の片づけだけでなく、教室の床についてしまった墨を見つけて自ら進んで拭いていました。**誰に言われなくても気づいて行動する**[A]姿が、みんなによい影響を与え、信頼を集めています。

文例② 記念式典の中で、学校紹介を担当することになり、学校のよいところや知らせたいことなどをよく考えてまとめ、わかりやすい文章と丁寧な絵で紹介文を書くことができました。自分の作品ができると、まわりの片づけをしたり、作品を集めて並べたりと仕事を進んで探し、取り組むことができました。率先して働く○○さんの姿が、みんなで式典を成功させようと思う気持ちを**高めていきました**[B]。

言い換え表現

A 誰に言われなくても気づいて行動する ➡ 率先して仕事をしようとする
B 高めていきました ➡ 盛り上げていました

エピソード⑦ 中学生との交流活動

中学生との交流の際に、小学生グループの代表としてみんなをまとめることができた。

POINT
ただ中学生に教えてもらうのではなく、小学校の代表として自分たちのグループをまとめたことを評価します。

文例① 中学生との交流で一緒にコンフィチュールを作ったときには、小学生グループのリーダーとして中学生の話をよく聞いて、作り方がわからない友だちに詳しく説明していました。みんなで協力して作ったコンフィチュールをおいしく食べながら、異なる年齢の人たちと**交流する**[A]ことの楽しさを味わうことができました。

文例② 中学生との交流でコンフィチュール作りを教えてもらったときには、お礼に蒸しパンを作ろうというアイデアを出してクラスのみんなで取り組みました。**「ありがとう」の思いを込めて**[B]作った蒸しパンを中学生に持っていき、感謝することの大切さを改めて感じることができました。

言い換え表現

A 交流する ➡ 親しくする／親交を結ぶ
B 「ありがとう」の思いを込めて ➡ 心を込めて

Type 07 積極的に自己表現できる子

自分なりの思いや考えをさまざまに表現できる

エピソード❶ 移動教室

移動教室のキャンプファイヤー係として、声を出したり、大きな声でうたったりしてキャンプファイヤーを盛り上げ、大成功に導いた。

POINT

自分も楽しみながら学年全体を盛り上げ、キャンプファイヤーを大成功させようとする頑張りを評価します。

文例① 移動教室では、キャンプファイヤー係として、率先して声を出し、歌をうたったり、踊ったりして学年を盛り上げ、キャンプファイヤーを**大成功に導きました**[A]。

文例② ○○さんの天職でもあるようなキャンプファイヤー係。練習の段階から自分も楽しみまわりのみんなも楽しませようとする気持ちが**あふれ出ていました**[B]。翌日には、声が出なくなりそうなほど大きな声を出し続け、キャンプファイヤーを盛り上げてくれました。

言い換え表現

A **大成功に導きました** ➡ 忘れられない思い出にしました

B **あふれ出ていました** ➡ みなぎっていました

エピソード❷ 運動会

応援団長として、全校児童の前に立ち、大きなかけ声をかけ自分の組の勝利を目指した。

POINT

当日の様子だけでなく、練習の姿なども書くようにします。その姿が、下級生など周囲にも影響を与えていることを伝えると、子ども自身が自分のやったことに満足感、達成感を得られる所見になります。

文例① 「運動会を盛り上げる」と、応援団長を務めました。毎日練習に励み、声を枯らしながら最後まで声を出し続け、**大きな感動を誘いました**[A]。

文例② 応援団長となった運動会では、みんなと一体になってダンスを踊るなど、自分なりの応援のやり方を実現させました。その真剣な姿は、**下級生の記憶の中に生き続けます**[B]。

文例③ 運動会では応援団長を務めました。応援団長として、応援団のメンバーに積極的に声をかけて**みんなをまとめながら**[C]応援の練習に励み、本番ではその熱い声援で、運動会を大いに盛り上げることができました。

言い換え表現

A 大きな感動を誘いました ➡ 見る者の心を熱くしました

B 下級生の記憶の中に生き続けます ➡ 下級生の目標となります

C みんなをまとめながら ➡ クラスの先頭に立って

エピソード③ 学芸会

学芸会で中心的な役になり、ある場面練習をきっかけに本気になった。日に日に上達していき、自分の殻を打ち破ることができた。

POINT

練習を重ねていくことで自信をもち始め、学芸会本番までの取り組みを通して、表現することの楽しさを感じた。そうして自分の殻を打ち破り、成長することができたことを保護者に伝えます。

文例① 場面練習をきっかけに自分の全力を出すようになりました。自分の役はどういう性格でどういう立場なのかを考え、声の強弱や表情・動きで表現していました。この学芸会をきっかけに自分の殻を打ち破り、**大きく成長することができました**[A]。

文例② 練習を重ねて、自分の役がこの劇で果たすべき役割を十分に理解していきました。時には涙を流すこともありましたが、学芸会の取り組みを通して、**自分の殻を一枚打ち破り**[B]大きく成長することができました。

言い換え表現

A 大きく成長することができました ➡ ひと回り大きく成長しました

B 自分の殻を一枚打ち破り ➡ 新たな自分と出会い

エピソード④ 校外学習 ～地域交流～

校外学習でお世話になった方へ、心を込めて手紙を書くことができた。

● POINT
心を込めた手紙を書けたことはもちろんのこと、受け取った相手の気持ちを考えて進んで工夫することができる思いやりの気持ちを評価します。

文例① お世話になった方にお礼状を書くときは、受け取る相手のことを考えながら、表紙を細かな貼り絵で仕上げたり似顔絵を描いたりしました。ひと手間かかることへの労力を惜しまず、**楽しんで活動に取り組んでいます**[A]。

文例② 校外学習でお世話になった地域の方へお礼の手紙を書く係に立候補しました。一緒に過ごした時間のエピソードやそのときの気持ちを織り交ぜて書かれた手紙は、受け取る相手の気持ちを思いやるやさしい文面**で書かれていました**[B]。

言い換え表現

A 楽しんで活動に取り組んでいます ➡ 積極的に活動に取り組み、○○さんのやさしさが伝わります／温かみのある手紙を届けることができました

B ～で書かれていました ➡ ～からは、一緒に過ごした時間の楽しさを共有したいというやさしい思いが伝わってきました

エピソード⑤ 異学年交流

年下の子どもたちとかかわるとき、相手が喜ぶことを考え、相手の思いに耳を傾けることができた。

● POINT
年下の子どもたちへのまなざしの温かさや相手意識をもった対応の素晴らしさを伝えます。相手の思いに寄り添ったり支えてあげたりする根気強い姿勢も評価するとよいでしょう。

文例① お正月交流会では、「どの遊びがしたい？　こまは右回しでひもを巻きつけてね」と幼稚園児に進んで声をかけることができました。**相手の表情を読み、困ったことを聞いてあげる**[A]など、不安を取り除いてあげるやさしさをもっています。

行事

Type 07

積極的に自己表現できる子

文例② 読み聞かせ発表会では、保育園や幼稚園の友だちが好きな本を予想して作れば、喜んでくれるだろうというアイデアをクラスのみんなに提案しました。**自分の思いを堂々と伝え、行動に移す**[B]ことができます。

言い換え表現

A 相手の表情を読み、困ったことを聞いてあげる ➡ まわりに目を向けて配慮をする姿勢をみせる

B 自分の思いを堂々と伝え、行動に移す ➡ 気持ちをまっすぐに伝え、すぐ行動に移す

エピソード⑥ 展覧会

展覧会でミニ学芸員に立候補し、積極的に作品の紹介をしたり、鑑賞のポイントなどを説明したりしていた。

POINT

展覧会の会場内でお客さまから声をかけられるのを待つのではなく、自分から積極的に話しかけ、作品のよさが伝わるように一生懸命説明していた点を伝えます。

文例① 展覧会では、ミニ学芸員の活動に取り組みました。作品のよさが伝えられるように制作の流れを調べたり、それぞれの学年にインタビューをしたりしました。展覧会当日は**お客さまに作品の見どころなどについて自信をもって話す**[A]ことができました。

文例② ミニ学芸員として、展覧会に出品された作品の情報を集め、来場してくれたお客さまにどのように説明すれば楽しんでもらえるかを考えて取り組みました。ユーモアに満ちた説明にお客さまからも笑いが起こり、○○さんの**表現の巧みさが光りました**[B]。

言い換え表現

A お客さまに作品の見どころなどについて自信をもって話す ➡ 積極的にお客さまに話しかけ、作品づくりのエピソードを交えながら見どころを紹介する

B 表現の巧みさが光りました ➡ 発想の豊かさに感心させられました

Type 08 友だちとのかかわりがよくできる子

誰とでも仲よくでき、低学年の子の世話も得意

エピソード❶ クラス替え

クラス替えのあと、残り少ない小学校生活の間にもっと友だちをつくろうと積極的に話しかけ、新しい友だちをたくさんつくった。

POINT

その子自身がもっているよさと実際の行動を伝えることで、具体性がぐっと増します。休み時間にどんなことをして遊んでいるかなど詳しく書くと、さらにわかりやすい所見となります。

文例① 明るい性格とこだわらない人柄で、男女問わず自分から積極的に声をかける姿が印象的です。クラスにもすぐに溶け込み、休み時間は大勢で遊び、**新しい友だちの輪を広げました**[A]。

文例② クラス替えの直後から、休み時間のサッカーなどを通して、同じクラスになったことのない子どもとも一緒に、分け隔てなく遊んでいます。誰とでも平等にかかわり、クラスの**中心的な存在**[B]となっています。

言い換え表現

A **新しい友だちの輪を広げました** ➡ かかわりを深めました

B **中心的な存在** ➡ 司令塔／エース

エピソード❷ 1年生を迎える会

1年生を迎える会で、1年生と手をつないで入場してきた姿が、ほほえましかった。

POINT

どのような気持ちで1年生とかかわろうとしているのか、1年生の世話を通して何を学んでいるのかを観察して評価していきます。

文例① 1年生を迎える会で、1年生と手をつないで花のアーチをくぐったときに、改めて6年生として自覚した○○さん。1年生にやさしく話しかける姿に最高学年としての**自信にあふれていました**[A]。

文例②　1年生を迎える会を通して、パートナーから「この人でよかった」「このお姉さんとまた遊びたい」と思ってもらえるように考えて行動していきたい、と考えた○○さん。いろいろな場面で積極的に1年生とかかわる姿が頼もしい限りです[B]。

言い換え表現

A 自信にあふれていました ➡ 意気込みが感じられました

B ～が頼もしい限りです ➡ ～は1年生担任からも感謝されています

エピソード③ 運動会

運動会の係活動で、気を利かせて他学年の世話をすることができ、運動会を盛り上げた。

● POINT

高学年にとって運動会の係活動は、なくてはならない裏方であり、あこがれの存在でもあります。自分のことだけなく、他学年のためにも頑張ることを評価します。

文例①　運動会では、審判係になり、競技の着順を判定するという重要な役割に責任とやりがいをもって取り組みました。真剣な眼差しでゴールしてくる人の順位を確かめ、走り終わった子を笑顔で等賞旗まで誘導してあげることができました。並んでいる低学年の子にやさしく話しかけている姿には、**凛々しさとやさしさがあふれていました**[A]。

文例②　運動会では児童管理の係になり、1年生のお世話をしました。自分から気を利かせてトイレに行きたそうな子に声をかけたり、「そろそろ出番だよ」と準備の手伝いをしたりすることができました。**笑顔で接してくれる**[B]○○さんのことが1年生は大好きです。

言い換え表現

A 凛々しさとやさしさがあふれていました ➡ 高学年としての頼もしさを感じました

B 笑顔で接してくれる ➡ こまやかな気配りができる

エピソード❹ 遠足 ～たてわり遠足～

遠足で、自分が楽しむだけではなく、下級生のパートナーの希望も聞きながら過ごすことができた。

POINT
かかわりの中でも特に、相手の思いを尊重していたことを評価することで、よりよいかかわりをしていこうとする意欲をもたせます。

文例① 遠足では、一緒に過ごす下級生に進んで声をかけていました。遊びや昼食の場所の希望を聞くなど、**下級生の気持ちに寄り添うように**[A]接する態度に上級生らしさがあふれていました。

文例② 遠足では、「何をして遊ぶ？」「昼食で、一緒に食べたい子はいる？」などとパートナーに話しかけていました。相手の思いを尊重し、よい思い出をつくってあげようとする**上級生らしいやさしさ**[B]が伝わってきました。

言い換え表現

A 下級生の気持ちに寄り添うように ➡ 下級生の思いを尊重しながら
B 上級生らしいやさしさ ➡ 上級生としての配慮

エピソード❺ 子ども祭り

子ども祭りでお客さまが楽しめる店にするために、自分自身もアイデアを出しながら、他のみんなが納得するように意見を集約していくことができた。

POINT
自分のアイデアを推すだけでなく、みんなの意見をしっかりと聞いて話し合いのリーダー的役割を果たしたことに着目します。

文例① 子ども祭りでは、どうしたらお客さまが楽しめるかを考え、たくさんのアイデアを上手にまとめて1つのアトラクションを作り上げることができました。たくさんの**意見を集約する力**[A]が身についています。

文例② お客さまが心の底から楽しめるお店にするために、アイデアをたくさん出しました。意見をまとめていく際には、**リーダー的な役割を果たし**[B]、新しいアトラクションを作り、本番を見事成功に導きました。

行事
Type 08
友だちとのかかわりがよくできる子

言い換え 表現

A 意見を集約する力 ➡ 話し合いをリードする力

B リーダー的な役割を果たし ➡ リーダーシップをとって

エピソード❻ 子ども祭り

子ども祭りで、小さい子どもにも楽しんでもらおうと、ルールをやさしく説明することができた。

POINT

小さい子どもに合わせてゆっくりと話し、待ってあげられるやさしさを指摘します。小さな子の笑顔を自分の喜びととらえられた瞬間を細かに記述します。

文例① 子ども祭りでは、臨機応変に遊びのルールを変えて小さい子も楽しめる工夫をしました。元気になった小さなお客さまに、**とても満足そうな**[A]笑顔で手を振っていました。

文例② 1年生でも楽しんでもらえるように、スタートの位置をこっそり近づけてあげていました。うまくできたと喜ぶ1年生と、「よかったね」と言って、笑顔で**ハイタッチを交わしました**[B]。

言い換え 表現

A とても満足そうな ➡ 役に立てた喜びを感じている

B ハイタッチを交わしました ➡ 喜びをともにしました

エピソード❼ なわとび大会

全校で行われるなわとび大会にむけての練習で、友だちを励ましながら、いつも明るく取り組んでいた。

POINT

学級全体で取り組むスポーツは、ムードメーカーの存在が必須です。練習の雰囲気を明るくしたり、友だちを励ましたりできるやさしさを評価します。

文例① なわとび大会に向けて、記録更新を目指し、張りきって取り組んでいました。引っかかってしまう子がいても「気にしない！」と明るく声をかけ、みんなが楽しく練習できるように**雰囲気を盛り上げています**[A]。

文例② なわとび大会に向けた練習中、引っかかってしまってしまう友だちがいても責めることなく、次に気持ちを向けられる声かけをしています。**みんなで頑張ってこられたのは、○○くんの明るさの力が大きいと思います**[B]。

言い換え表現

A **雰囲気を盛り上げています** ➡ 場を明るくしています

B **みんなで頑張ってこられたのは、○○くんの明るさの力が大きいと思います** ➡ ○○くんの明るい励ましで活気ある練習になり、クラスの記録が伸びました

エピソード⑧ 異学年交流

年下の子どもの面倒をよく見て、高学年として適切なかかわり方ができた。

● POINT

下級生や保育園の幼児などとのかかわりは、子どもを大きく成長させるひとつの要素です。高学年として適切なかかわり方ができていると所見で認めることで、他者とのかかわり方を見直すきっかけとなります。

文例① 幼稚園や保育園との交流会では、面倒見のよい○○さんのまわりに、いつも小さな子どもたちの笑顔があふれています。時には厳しく注意するなど、やさしいだけでなく、高学年としての**自覚**[A]をもってかかわることができました。

文例② 幼稚園や保育園との交流会で、小さな子どもたちと接したことをきっかけに、いっそう友だちへの気遣いができるようになり、同級生とのかかわり方にも**変化が見られました**[B]。

言い換え表現

A **自覚** ➡ 責任感／意識

B **変化が見られました** ➡ 成長がうかがえました

Type 09 さまざまな場面でよさを発揮する子

テストの成績に表れない頑張りや努力ができる

エピソード❶ 1年生を迎える会

普段はあまり目立たない子が、ちょっとしたひと工夫を加えて、1年生を迎える会を成功に導いた。

POINT

普段、学習で目立たない子でも、行事では活躍することがよくあります。行事は子どものよさを発見したり、伸ばしたりできる絶好のチャンスであることを念頭に置いておきましょう。

文例① 1年生を迎える会では新入生のためにわかりやすく学校を紹介し、1年生も楽しめるようにクイズを交えながら行うなど、ひと工夫が光りました。大喜びしている1年生の姿を見て、**充実感**[A]を味わえたようです。

文例② 学校紹介を担当した1年生を迎える会では、クイズを取り入れて、1年生にわかりやすく学校について紹介しました。緊張していた1年生にも笑顔がこぼれ、**和やかな**[B]雰囲気をつくり上げてくれました。

言い換え表現

A 充実感 ➡ 満足感／達成感

B 和やかな ➡ 明るい／楽しい

エピソード❷ 運動会

持ち前の運動能力を生かし、運動会のリレーのキャプテンを務め、自主練習を行いチームをまとめて優勝できた。

POINT

運動能力のみならず、本番に至るまでの努力と、優勝したことをチームのみんなのおかげと感じることができた心の成長を保護者に伝えます。

文例① リレーのチームのキャプテンを務め、**練習から本気で取り組んでいました**[A]。ゴールしたときの輝いている表情からも、達成感とチームメイトへの感謝の気持ちを感じ取ることができました。

文例② 運動会のリレーでは、キャプテンを務めました。自主練習で体力づくりのトレーニングをしたり、何度も話し合って走順を考えたりと、**リレーにかける思いがひしひしと伝わってきました**[B]。運動会後の作文には、チームメイトへの感謝の思いが綴られていて、○○くんの心の成長を感じます。

言い換え表現

A **練習から本気で取り組んでいました** ➡ チームをまとめようと真剣に取り組んでいました

B **リレーにかける思いがひしひしと伝わってきました** ➡ チームメイトと協力しながら日に日にチームの絆を深めていました

エピソード❸ 運動会　なわとび大会

みんなで取り組む大きな体育的行事では、「絶対勝つ！ みんなで頑張る！」という意志の強さをもって練習に励むことができた。

● POINT
行事に対して非常に熱い気持ちをもっていることを評価します。そしてクラスの雰囲気を高め、よい方向へと導いていることを伝えます。

文例① なわとび大会では、「いつでも本気で頑張るぞ！ めざせ500回！」と**クラスみんなの意識を高める**[A]声かけをすることができました。苦手意識をもつ友だちにもやさしく励ましていました。

文例② 運動会の組体操では、「みんなで成功させるんだ、絶対大丈夫！」と大きな声で盛り上げ、**練習に意欲的に取り組む**[B]ことができました。

言い換え表現

A **クラスみんなの意識を高める** ➡ クラスの雰囲気を高める／クラス全体をまとめる

B **練習に意欲的に取り組む** ➡ 練習に熱心に取り組む

エピソード❹ なわとび大会

連合運動会の種目「長なわとび」で、クラスのリーダーとなり回数を更新させた。

POINT
連合運動会の種目「長なわとび」の練習リーダーとなり、回数をどんどん更新させたこと、苦手な人に根気強く教えたことを評価します。

文例① 連合運動会の種目「長なわとび」の練習リーダーとして活躍しました。その結果、当日はクラスのベストを更新することができました。みんなのやる気を引き出す**声かけができるのは大変素晴らしいことです**[A]。

文例② 「長なわとび」のリーダーとなり、上手に跳べない友だちへのアドバイスを工夫したり、練習の計画を立てたり、真剣に取り組みました。当日はクラスのベストを更新し、クラスの絆を深めることができました。**○○さんの根気強さ**[B]には、感心します。

言い換え表現

A **声かけができるのは大変素晴らしいことです** ➡ 声かけが大きな原動力になりました

B **○○さんの根気強さ** ➡ ○○さんの何度も挑戦する姿勢

エピソード❺ 子ども祭り

子ども祭りで、高学年としてよりよいかかわりができた。

POINT
こま回しが得意なことはもちろん、それを通じてよいかかわりができたことを評価し、人とよりよくかかわろうとする意欲につなげます。

文例① 子ども祭りでは昔遊びに挑戦するお店を開き、自分の得意な技を披露するだけでなく、お客さまにやり方を教えてあげたり、順番待ちの列を整理したりすることができました。得意なことをきっかけに、視野を広くもち、**人とかかわる力を身につける**[A]ことができました。

文例② 子ども祭りでは、得意なこまを回すお店を出し、低学年の子どもたちに喜んでもらうことができました。お客さまに心地よく楽しんでもららえるよう工夫をしており、**人間関係を築く力の高まり**[B]を感じます。

言い換え表現

A 人とかかわる力を身につける ➡ お客さまにうまく接する力を身につける

B 人間関係を築く力の高まり ➡ よりよいかかわりをつくる力

エピソード❻ 学芸会

学芸会で、音響係の仕事をしっかりとこなし、自分の役割を果たした。

POINT
学芸会の係では、タイミングよく音を流すなど、裏方の役割をしっかりと果たしたことを評価して伝えます。

文例① **学習中は控えめな態度**[A]ですが、学芸会では、○○さんの出した音が大きく響き渡りました。音を流すタイミングなどをしっかりと覚え、舞台を盛り上げました。

文例② 準備係は、学芸会にとって大変大事な係です。○○さんは2年連続でその仕事を希望し、役割を果たしました。目立たない縁の下の力持ちとして**活躍できるのは素晴らしいことです**[B]。

言い換え表現

A 学習中は控えめな態度 ➡ 授業中は目立たない態度

B 活躍できるのは素晴らしいことです ➡ 仕事をする姿は友だちからの信頼を集めています

エピソード❼ 子ども祭り

子ども祭りの出し物では、お客さまを笑わせるためにネタを考え練習した。本番は、お客さまに応じた出し物でお客さまを笑わせることができた。

POINT
笑わせることの難しさを感じながらも、お客さまにあった出し物をして楽しませようとする配慮について書きます。子どもの楽しそうにしている様子を記述すると喜ばれます。

文例① 子ども祭りでは、お客さまの年齢によって出し物を変えたり、お客さまとやりとりをしたりしていました。人を笑わせる難しさを感じつつも、来てくれたお客さまを楽しませるために**必死に頑張る**[A]姿が印象的でした。

文例② 事前にいくつも出し物のパターンを用意しておき、お客さまに合わせて出し物を変えていく様子は立派でした。はじめは恥ずかしさもあったようですが、**場数を踏んでいく**[B]うちに、楽しみながらお客さまを笑わせることができるようになりました。

言い換え表現

A 必死に頑張る ➡ 力の限り努力する

B 場数を踏んでいく ➡ 何度もくり返す

エピソード⑧ 卒業に向けて　～感謝の会～

得意なパソコンのスキルを生かして、一人ひとりのプロフィールを楽しく紹介するスライドを作成した。

POINT
自分の技術を生かして、学年みんなに貢献しようとする態度を評価します。

文例① 感謝の会に向けてパソコンで卒業生一人ひとりのプロフィールを紹介するスライドを作りました。取り込む写真やコメントの入れ方を、感謝の会にふさわしく配慮して編集する姿に、責任感と**自立心**[A]が強く表れていました。

文例② パソコンで卒業生一人ひとりのプロフィールを紹介するスライドを作りました。取り込む写真のコメントには、見る人を笑顔にするようなユーモアと、一人ひとりに対する**温かな眼差し**[B]を感じるような素敵な言葉が並びました。

言い換え表現

A 自立心 ➡ 自尊心／自立した態度

B 温かな眼差し ➡ やさしい気持ち

Type 10 人望がある子

目立たないが、縁の下の力持ちとしてクラスを支える

エピソード❶ 移動教室

山登りで歩くペースについていけない友だちがいたときに、荷物を持ってあげたり、励ましの声をかけ続けたりして、みんなでゴールすることができた。

POINT
みんなでゴールすることを第一に考えて、友だちを励ましサポートし続けたやさしさを評価します。

文例① 林間学校でのハイキングでは、炎天下でつらい中、**ペースについていくことができない**[A]友だちの荷物を持ってあげたり、「ゴールにはアイスが待っているよ」などと声をかけたりして、グループのみんなでゴールを目指しました。友だちを気遣ってあげることができる○○さんのやさしさがあったから、みんなで達成感を味わうことができたのです。

文例② クラスの仲間の作文に「○○さんが声をかけてくれなければ、最後まで歩くことはできなかった」と書かれていました。ハイキングの最中、何度も歩くのを止めようと思ったそうですが、○○さんが荷物を持ってくれたり、声をかけてくれたりしたことで歩き続けられたようです。担任も友だちも○○さん**への信頼をさらに厚くしました**[B]。

言い換え表現

A **ペースについていくことができない** ➡ 歩くのを止めようとしている
B **～への信頼をさらに厚くしました** ➡ ～のやさしさを再確認しました

エピソード❷ 運動会

全校児童の前で代表の言葉を言う際に、まわりの子からの応援の力もあって、大成功させることができた。

POINT
友だちからも太鼓判を押されるほど、日頃からさまざまな場面で努力していることを評価するとよいでしょう。友だちからも応援してもらえる存在になっていることも伝えます。

文例① 運動会の児童代表の言葉では、最初は緊張してできないと弱音をはきました。しかし、クラスの友だちからの励ましの言葉をもらってからは、自分の力以上のものを出しきり**達成感**[A]を味わいました。

文例② 運動会の組体操では、フィナーレの言葉を担当しました。練習のときには、緊張から声が小さくなってしまったり、台詞を忘れてしまったりして落ち込むこともありましたが、学年の友だちから「○○さんならできる」という言葉をもらってからは、**自信をもって取り組むことができ**[B]、当日は、会場中に「感謝」のメッセージを届けることができました。

言い換え表現

A 達成感 ➡ できた喜び

B 自信をもって取り組むことができ ➡ 覚悟を決めて取り組むことができ

エピソード③ 運動会

ダンスの練習中、失敗やつらいことがあっても弱音をはかず、みんなを励ましながら練習を盛り上げ、本番の成功に導いていた。

POINT
運動会に向けて練習をリードしてきた様子や、日頃から友だちに信頼されているからこそ成功につながってきたことを伝える。

文例① ダンスの練習では振り付けがなかなか覚えられない友だちもいましたが、「練習すれば大丈夫」「次はできるよ！」と声をかけ続けました。日頃から何に対しても**真っ直ぐに取り組み**[A]信頼されている○○さんの言葉は、みんなにとって心強く、本番の成功につながっていきました。

文例② 運動会のダンスでは、休み時間も友だちと**声をかけ合いながら**[B]練習に取り組んでいました。運動会当日はみんなでそろえた動きを成功させることができ、本番に向けて努力を続けた達成感を味わうことができました。

言い換え表現

A 真っ直ぐに取り組み ➡ 真面目に行動し

B 声をかけ合いながら ➡ 励まし合いながら

エピソード④ 運動会

練習場所に誰よりも早く行き、一人で練習を行う姿から、満場一致で運動会のリレーのチームリーダーになった。

● POINT
日々の努力によって人望を集めていったことを明らかにすることで、その子のよさが保護者の方にも伝わるようにします。

文例① 運動会のリレーでは、チームリーダーに選ばれました。練習場所に誰よりも早く行き、黙々と練習に取り組む姿がチームメイトからの信頼を集めた結果です。**ひたむきな姿勢**[A]がチームをひとつにまとめました。

文例② 運動会のリレーのチームリーダー決めでは、満場一致でリーダーに選ばれました。誰よりも早く練習場所に行き、懸命に練習を積み重ねる姿を、友だちみんなが見ていたからです。選ばれたときには、**友だちから温かい拍手が送られました**[B]。

言い換え表現

A ひたむきな姿勢 ➡ 一生懸命頑張る姿
B 友だちから温かい拍手が送られました ➡ みんなが納得しました

エピソード⑤ 学芸会

学芸会で主役になり、言葉ではなく行動で本気であることを示し、学年全体のやる気スイッチを入れた。

● POINT
本気であることを言葉ではなく行動で示すのは、なかなか難しいことです。学年全体の心を動かすほど影響を与えたことを明らかにし、保護者に伝えるとよいでしょう。

文例① 主役である○○さんの本気で取り組む姿を他の子どもたちも目の当たりにし、○年生全体のやる気スイッチを入れてくれました。苦しみながらも本気で取り組んだその先に楽しさがあるということを**体感することができた**[A]学芸会になりました。

文例② 本気でやり遂げた先に本当の楽しさがあるということを学んだ学芸会でした。練習では、本気で役にのめり込み、感情が高ぶって演技の

行事
Type 10
人望がある子

最中に涙を流すこともありました。その姿を見た学年のみんなが自分たちも**本気でやらなければ**[B]と思うようになりました。

言い換え表現

A 体感することができた ➡ 深く実感した

B 本気でやらなければ ➡ 役に入り込んだ演技がしたい

エピソード❻ スポーツ大会

ハードル走では、学年トップになってもさらに納得できる走りを実現したいと考え、練習を続けた。

POINT
学年でトップになっても、まだまだ上を目指そうとする前向きな姿勢を評価します。自分で納得がいくまでこだわってほしいという担任の思いを込めて書きます。

文例① 自分ほど速い人がいなくなっても、さらに上を目指そうとする真剣な姿に、**学年全体が感化されて**[A]、心地よい緊張感をもって大会に臨むことができました。

文例② 学年で最速の技術を身につけたあとも、自分が納得できる走りをしたいと願い、**ひたむきに**[B]練習を続けました。その真剣な走りに動かされて記録を伸ばす仲間がたくさん現れました。

言い換え表現

A 学年全体が感化されて ➡ 他の仲間も力をもらって

B ひたむきに ➡ 諦めずくり返し

エピソード❼ なわとび大会

練習では、明るく元気に声をかけて盛り上げ、みんなで楽しく活動できるようにしていた。

POINT
友だちを応援するやさしさやみんなで頑張ろうという気持ちを大切にできる協調性を評価し、伝えられるようにします。

文例① 長なわ大会に向けての練習中、上手に跳べるようになった友だちには「今のタイミングいいよ！」、失敗した友だちには「惜しかったね！」と声をかけて**練習を盛り上げてくれたこと**[A]が、クラスの好記録につながったと思います。

文例② 長なわの練習では、うまく跳べない友だちがいると必ず「大丈夫だよ」などと励ましの声をかけていました。みんなが楽しく練習に取り組めるような**明るい**[B]雰囲気ができ、クラスの好記録につながりました。

言い換え表現

A 練習を盛り上げてくれたこと ➡ 明るく励ました○○くんのやさしさ
B 明るい ➡ 温かい／失敗を許せる

エピソード⑧ 6年生を送る会

6年生を送る会の練習で、練習開始前から自主練習に取り組んでいた。その努力を友だちは知っているので、その意見に影響力がある。

POINT
その子の意見に影響力があるのは、地道な努力によるものであることを指摘し、一つひとつ丁寧に取り組む本人の姿勢がさらに伸びるように評価します。

文例① 6年生を送る会の練習では、開始前から一人で呼びかけの練習に取り組んでいます。クラスのみんなも○○さんの努力する姿を見ているので、○○さんの意見にはみんなが**真剣な表情で聞き入ります**[A]。努力する姿勢がみんなの信頼を得ています。

文例② 6年生を送る会の呼びかけ練習では、○○さんが積極的にリーダーシップをとり、その意見にみんなが真剣に耳を傾けています。練習開始前から、一人でひたむきに発声練習に**取り組む姿**[B]を見ているからです。行動で示せるところに、芯の強さが感じられます。

言い換え表現

A 真剣な表情で聞き入ります ➡ 異を唱えることなく聞き、意見に従います
B 取り組む姿 ➡ 励む、前向きな姿勢

Type 11 特別な支援で力を発揮できる子

サポートがあれば、前向きに取り組むことができる

エピソード1 移動教室

まわりの友だちの励ましを受けながら、体力的にも精神的にも厳しいハイキングの道を最後まで歩くことができた。

POINT
途中くじけそうになりながらも、まわりの人の励ましによってグループのみんなと達成感を味わうことができたことを伝えます。

文例1 林間学校のハイキングでは、ゴールすることを何度も諦めそうになりましたが、まわりの友だちの励ましを受けて歩きぬくことができました。グループの友達と手をつないでゴールしたときの**輝いた表情**[A]から達成感が伝わってきました。

文例2 「もう歩けない」と言うたびにグループの**友だちに励まされ**[B]、4時間をかけて見事にハイキングコースを最後まで歩くことができました。逃げずに歩きぬくことができたことが○○さんの自信となっています。

言い換え表現

A 輝いた表情 ➡ 晴れ晴れとした表情

B 友だちに励まされ ➡ 友だちの声に支えられ

エピソード2 子ども祭り

初めは何をするのかがわからず、歩き回っていることが多かったが、自分の役割がわかると一生懸命に取り組むことができた。

POINT
自分のやるべきことが分かると意欲的に取り組めるようになってきていることを評価します。

文例1 子ども祭りでは、友だちが具体的に**アドバイスしてくれた**[A]ことをきっかけに、自分の役割に気づくことができ、積極的に取り組むことができるようになりました。本番では、友だちと一緒に協力しながら、笑顔

でお客さまに接することができました。

文例② 子ども祭りの活動では、具体的にアドバイスするとしっかりと自分の役割を果たすことができました。当日は、受付の係になり、低学年にはやさしい言葉遣いで声をかけたり、中学生には**敬語で話をしたり**[B]することができました。

言い換え表現

A **アドバイスしてくれた** ➡ 指示を出してくれた

B **敬語で話をしたり** ➡ 丁寧な言葉づかいで伝えたり

エピソード③ 遠足

異学年と同時に行う遠足では、低学年の子を前にして、高学年らしい振る舞いをしようという姿勢が見られた。

● POINT

普段は特別な支援を必要とする子でも、年下の子がいるときにはしっかりしようという気持ちが芽生え、一つの目標を達成しようと努力するものです。そうした面を評価します。

文例① 低学年のパートナーと遠足で公園に行ったときには、ゆっくり歩いている子のそばへ行って手を引きながら「一緒に歩こう」「自分のペースで大丈夫だよ」などと言って、やさしく声かけすることができました。他の学年の子と接することをきっかけに、**高学年らしい振る舞い**[A]が身についてきました。

文例② 電車に乗って遠足に行ったときには、下学年の子の模範となるような振る舞いを目指して、事前に「電車では話さない」「リュックは前に持って迷惑にならないようにする」などの**目標をもって**[B]参加しました。長くなった乗車時間でもめあてを守ろうと努力し、達成することができました。

言い換え表現

A **高学年らしい振る舞い** ➡ 上級生らしい自立心

B **目標をもって** ➡ めあてを設定して

エピソード④ 学芸会

初めは台詞を言うタイミングがわからないことも多かったが、素直にアドバイスを聞き、本番は場面に合った楽しい雰囲気をつくり出すことができた。

● POINT
練習のたびにされるアドバイスをしっかりと心に留め、素直に聞いて次に生かそうとしていたことを評価します。

文例① ○○さんの台詞を「楽しそうに動きをつけて言ってね」とアドバイスしたところ、その**アドバイスを受けて練習を重ねました**[A]。本番では、パーティーが始まる楽しい雰囲気を、大きな動きを入れることで見事につくり上げてくれました。

文例② 学芸会で披露する劇の練習では、台詞を言うタイミングについて、友だちからのアドバイスを受け、練習を重ねていきました。本番では、**楽しい**[B]場面の雰囲気をつくり上げることができました。

言い換え表現

A **アドバイスを受けて練習を重ねました** ➡ 素直な心をもって練習に臨みました

B **楽しい** ➡ ウキウキする

エピソード⑤ スポーツ大会

協調性をもって集団で活動したり、1つのことに取り組んだりすることが苦手だったが、クラスの練習に一生懸命取り組んでいた。

● POINT
集団の中で、仲間とともに何かに取り組んだ達成感を味わったり、仲間との協調性が育ったりしていることを評価し、伝えられるようにします。

文例① ○○大会で好記録が出たときには、みんなと一緒に喜び、つらくても練習を頑張ってきた達成感を味わうことができました。これからもいろいろなことにチャレンジする気持ちを**もち続けて**[A]ほしいと思います。

文例② ○○大会に向けて、クラスで決めた目標を意識しながら、練習に取り組んでいました。どうしたらもっと上手になれるかをクラスの仲間と一緒に考え、友だちからの励ましやアドバイスに「ありがとう」と話し、大会当日にクラスの好記録が出たときには**みんなと一緒に喜び**[B]、達成感を味わうことができました。

言い換え表現

A もち続けて ➡ 大切にして
B みんなと一緒に喜び ➡ 喜びをわかち合い

エピソード❻ 卒業式

長時間じっとしていることが苦手でなかなか練習にも参加することができなかったが、流れをわかりやすく伝えることで練習に参加し、本番でも5年生としての務めを果たすことができた。

POINT
なかなか練習に参加できなかったことを指摘するよりも、少しずつでも5年生としての自覚をもって練習に臨めるようになり、本番ではしっかり務めを果たすことができたことを評価します。

文例① 卒業式の練習では、練習が進むにつれ少しずつ卒業式の流れとその中で自分が何をすればよいのかを理解し、練習にも積極的に参加することができるようになってきました。本番では、礼のタイミングや立つタイミングを間違えずに行うことができました。**5年生としての務めを果たす**[A]ことができたことを、自信にしてほしいと思います。

文例② 卒業式に向けての練習では、練習を重ねるたびに練習に参加する時間が増え、できることが増えてきました。これは、**担任の話をよく聞き**[B]、自分も5年生として認められたいと思うようになったからです。本番では、立派な態度で式に臨み、5年生としての務めをしっかりと果たすことができました。

言い換え表現

A 5年生としての務めを果たす ➡ 高学年の自覚をもつ
B 担任の話を聞き ➡ 素直な心で人の話を聞き

Type 12 所見を書きにくい子

その子なりの頑張りや努力が見えにくい

エピソード❶ 移動教室

盛り上がる場面になると一歩引いていた子が、移動教室のキャンプファイヤーをきっかけにみんなと一緒に活動を楽しめるようになった。

POINT
自分の感情を表に出すことを躊躇していた子が、自分の感情を友だちの前でも表現できるようになったことを伝えます。

文例① 2回目のキャンプファイヤーとなった林間学校での○○さんは、去年と比べて別人のようでした。係の友だちが司会進行をしていると、盛り上げるような声をかけて**楽しい雰囲気をつくりました**[A]。ゲームで盛り上がるときには、満面の笑顔になり、フィナーレの歌のときには涙を流したりと、その表情から○○さんの感動が伝わってきました。

文例② 林間学校のキャンプファイヤーでは、自分も楽しみながらまわりを楽しませようとしており、**昨年からの成長を感じました**[B]。翌日は、声が出なくなるほど声を出し続け、キャンプファイヤーを盛り上げてくれました。

言い換え表現

A 楽しい雰囲気をつくりました ➡ みんなの気分を高めてくれました

B 昨年からの成長を感じました ➡ 1年間で大きく成長したことを感じました

エピソード❷ 入学式

何事にも意欲的に取り組めない子が、入学式への取り組みにやる気を見せた。

POINT
入学式に在校生代表として出席するため、新1年生の前でうたう校歌の練習に意欲的に取り組んだことを評価します。しっかりと口を開けてうたっていたことなど、具体的な様子を伝えます。

文例① 在校生代表として出席する入学式の校歌の練習のときには、しっかりと口を開けてうたうことができました。うたっている表情や姿勢からは、6年生としての自覚が伝わってきました。今後も、多くのことに意欲的に取り組むことができるように**応援していきます**[A]。

文例② 入学式の○○さんの姿は、今まででいちばん輝いていました。しっかりと口を開けて新1年生を見て堂々とうたう姿は、やる気に満ち、**頼もしく見えました**[B]。この気持ちを継続していけるように応援していきます。

言い換え表現

A 応援していきます ➡ 支援していきます

B 頼もしく見えました ➡ 6年生としての覚悟を感じました

エピソード❸ 運動会

何事も主体的に取り組もうとしない子が、運動会の徒競走にはやる気を見せた。

● POINT
運動会の徒競走にやる気を見せ、進んで朝練習をしてタイムを意識するなど、主体的に取り組もうとしている様子をほめ、今後も続けていけるような記述にします。

文例① 「リレーの選手にはどうしたらなれるのか」という疑問をもち、まず50m走のタイムを縮めることから始めました。朝、走る練習を続けることによってタイムを縮め、運動会当日は、見事1位でゴールしました。**やる気になればできるということが大きな自信につながりました**[A]。

文例② 50m走のタイム取りで少し遅れると、そこで諦めていたのですが、どうしても1位を取りたい一心で、朝練習を始めました。運動会当日は見事1位でゴールすることができました。努力の大切さを身をもって体験して**大きな自信になりました**[B]。

言い換え表現

A やる気になればできるということが大きな自信につながりました ➡ 頑張れば結果がついてくるという経験は他の場面でも生かせると思います

B 大きな自信になりました ➡ これからのやる気につながると思います

エピソード④ 遠足

高学年としての自覚をもって下級生とかかわれるようになった。相手のことを考えて行動することができた。

POINT

学級には、よくも悪くも目立たず所見が書きにくい子が存在します。そういう子ほど普段から注意して観察し、どんなに小さなことでも、その子のよさを見つけたら記録に残しておくことが重要です。

文例① 3年生とのなかよし遠足では、3年生がはぐれないようにと、進んで点呼する姿が見られました。人前に立つことに苦手意識をもっていましたが、この遠足を通して、上級生として下級生から頼られていることを実感し、**自信がもてるようになりました**[A]。

文例② 遠足では、なかよしパートナーに気を配りながら行動する姿が**光りました**[B]。相手が安心するようにと、積極的に話しかけるなど、上級生としての責任感と自覚をもってかかわることができました。

言い換え表現

A 自信がもてるようになりました ➡ 自己有用感が得られました

B 光りました ➡ 輝いていました／よきお手本となりました

エピソード⑤ 学芸会

練習を始めたころは受け身でやる気がなかったが、次第に積極的に参加できるようになり、達成感を味わうことができた。

POINT

物事に対して、受け身でやる気をもとうとしない子が、自分の頑張りと上達ぶりを振り返る中で自信をもち、意欲を高めていったことに着目して評価するとよいでしょう。

文例① 学芸会の練習では、練習当初は何をしてよいかわからない様子でしたが、友だちに声をかけられながら練習に励む中で自分の役割を理解し、だんだんと**自信をもって**[A]、声の大きさや身振りの工夫をするようになりました。

文例 ② 学芸会練習では、なかなか動作に工夫がつけられずにいましたが、練習をくり返し、自分の演技が上達していることに気づいてからは、**自分で考えて演技をする**[B]ようになりました。学芸会成功の喜びを味わっていました。

言い換え表現

A 自信をもって ➡ 意欲的に／堂々と

B 自分で考えて演技をする ➡ 自分の思いを表現する

エピソード❻ 学芸会

日に日に変化していくまわりの学芸会への取り組み方を目の当たりにして、学芸会に本気で取り組めるようになった。

POINT

まわりの様子を敏感に感じ取り、「どうせやるなら楽しい学芸会にしたい」と考え、本気で学芸会をやり遂げると気持ちを切り替えられたことを明らかにし、評価します。

文例 ① まわりの友だちに感化され、「本気で向き合う」と決めたその日から、声が大きくなり、表情や動きから緊迫感が伝わるようになってきました。自分の台詞の意味を考え、工夫しながら練習に取り組んでいく姿が**頼もしく思えました**[A]。

文例 ② 練習を始めたばかりの頃はなかなかやる気になれませんでしたが、まわりの友だちの表情や練習に取り組む姿勢から、「やるなら楽しい学芸会にしたい」と考え、練習にも本気で取り組むようになりました。本番では、場面の緊張感が伝わる台詞と動きで、観客を物語の世界へと**引き込みました**[B]。

言い換え表現

A 頼もしく思えました ➡ 期待感でいっぱいになりました

B 引き込みました ➡ のめり込ませました

エピソード7 学芸会

高学年としての意識をもてるようになり、これまで積極的でなかった学芸会の準備にも進んで取り組むことができた。

POINT
学芸会の裏で、縁の下の力持ちとして活躍している様子を評価します。また、これまでと比較して今年度はどのような取り組み方ができたかを、具体的に伝えられるようにしましょう。

文例① 学芸会では、体育館にたくさんの山台を運びました。角がずれて危ないところがないかを確認しながら**黙々と**[A]作業する姿に、集中力が増して中学年の頃以上の大きな成長を感じました。

文例② 学芸会で舞台装置を準備するときには、大きな山台をたくさん運んでいました。劇の場面ごとに、重ね方や数を確認し、ずれていないか見直すことも忘れずに行い、**以前にも増して責任感が育っていることを感じました**[B]。

言い換え表現

A **黙々と** ➡ 最後まで責任感をもって

B **以前にも増して責任感が育っていることを感じました** ➡ 高学年としての自覚が芽生えています

エピソード8 なわとび大会

活動に意欲的になれない子が、長なわとびをきっかけに活動に対して積極的になった。

POINT
子どもが積極的になったことを伝えると、保護者にとっても嬉しい所見となります。これからの活動に取り組む意欲となるよう期待を込めて書きます。

文例① なわとび大会に向けた練習では、クラス全体が次第にリズミカルに跳べるようになったことで上達を実感することができ、これをきっかけに活動に対する積極性が増しました。みんなで最高記録を出したときの嬉しそうな表情から、**達成感**[A]が伝わってきました。

文例② 最高記録を更新することができてから、本気で長なわとびの練習に取り組むようになりました。記録を達成して友だちとハイタッチする姿から、**できる喜びを味わっている**[B]ことがよくわかりました。

言い換え表現

A 達成感 ➡ 上達することの喜び

B できる喜びを味わっている ➡ できたことを喜んでいる／達成感を味わっている

エピソード⑨ 行事への取り組み ～周年行事～

人前で話すことが苦手な子が、自分に自信をつけたいと考え、新校舎見学会の案内役に立候補し、役目を立派に果たした。

POINT

自分を変えたいと考え、苦手である人前で話すことに自ら立候補したことを認め、評価します。

文例① 新校舎見学会では案内役に立候補し、作成した原稿を何度も暗唱しながら、当日は、お客さまに新校舎のよさをわかりやすく説明することができました。**知らない人の前で話すことに苦手意識をもっていました**[A]が、今回の取り組みでお客さまからもほめてもらい、自分に自信をもつことができるようになりました。

文例② 友だちの姿を見て、自分も知らない人の前でも堂々と話すことができるようになりたいと考え、新校舎見学会の案内役に立候補しました。はじめは、緊張して相手の目を見ることができなかったり、声が小さくなってしまったりしていましたが、少しずつ**慣れていき**[B]、最後には、**笑顔を交えながら**[C]ご案内することができました。

言い換え表現

A 知らない人の前で話すことに苦手意識をもっていました ➡ 知らない人と話すことができずにいました

B 慣れていき ➡ 自信がもてるようになり

C 笑顔を交えながら ➡ 和やかな雰囲気の中で

行事

Type 12

所見を書きにくい子

特別活動に関する所見文例

Type 01 こつこつ頑張る子

目立たないけど、課題はしっかりやってくる

エピソード❶ 係活動 ～生き物係～

生き物係で当番表を作り、毎日チェックして確実に仕事を行った。

POINT
生き物の住みやすい環境をつくるために創意工夫をする姿勢と自分の仕事にプライドをもっていることを評価する。

文例① 生き物係では、餌と水替えをいつ行ったのかということが**一目瞭然になるように**[A]、チェック表を作りました。メダカの住みやすい環境をつくるにはどうしたらよいかを考えて、**創意工夫をする**[B]ことができるのは、自分の係の仕事に誇りをもっているからです。この考え方は、将来働くようになってからも**大切な考え方**[C]です。その基礎ができていることを自信にしてほしいと思います。

文例② 生き物係として自分の仕事に**責任と誇り**[D]をもって仕事をすることができました。メダカが住みやすい環境をつくるにはどうしたらよいのかを考え、餌と水替えがわかるチェック表を作りました。創意工夫をして仕事に取り組むことができるのは、素晴らしいことです。○○くんの仕事に取り組む姿勢をクラスにも広げていきたいと考えています。

言い換え表現

A **一目瞭然になるように** ➡ 誰が見てもわかるように
B **創意工夫をする** ➡ 自分なりの工夫をする
C **大切な考え方** ➡ 役立つものの見方
D **責任と誇り** ➡ やりがい

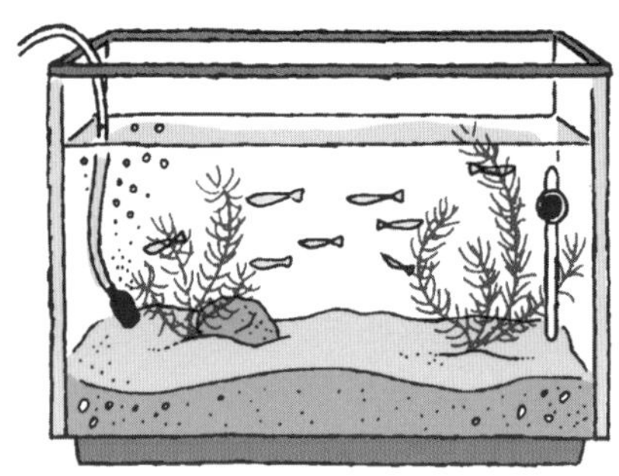

エピソード❷ 係活動

自分の係の仕事を確実に行うだけでなく、創意工夫を加えながら毎日欠かさずクラスのための仕事を行うことができた。

POINT
学級の係や当番の仕事を確実に行うことは、クラスのみんながよりよい生活をしていくために必要不可欠なことです。その仕事を一度も欠かさなかっただけでなく、みんなのために工夫しようとしていた気持ちと行動を評価します。

文例① 予定係として、みんなからのアドバイスを参考にしながら毎日の予定と学習する内容を黒板にわかりやすく工夫して書き続けました。自分の仕事に対して**創意工夫を加えながら行動できることは、素晴らしいことです**[A]。

文例② 植物係では、自分の家から育てたい花の苗を持ってきて、ベランダで育てました。暑い日には、与える水の量を増やして日陰に置いたり、寒い日には、いちばん日当たりのよいところに置いたりと、気を配りながら植物を育てることができました。花がある**明るい教室の雰囲気**[B]をつくってくれました。

言い換え表現

A 創意工夫を加えながらできることは、素晴らしいことです ➡ どうしたらよくなるかを考え、行動に移すことができるようになりました

B 明るい教室の雰囲気 ➡ 和やかな雰囲気

エピソード❸ 係活動

係活動で日々確認していることを学級全体に広め、学級の意識を高めた。

POINT
係活動で行っている仕事はもちろん、それを友だちに広める姿を評価します。本人の丁寧さが学級に貢献していることを伝えます。

文例① リサイクル係として、学級の回収箱の中をこまめに確認していました。声をかけ合うことで、**係の友だちにも気づきを広げ**[A]、教室の環境整備に貢献しました。

文例② リサイクル係の活動では、日々チェックしている資源の回収量を**みんなに発表する**[B]ことで、学級全体のリサイクルへの**意識を高める**[C]ことができました。

言い換え表現

A 係の友だちにも気づきを広げ ➡ 全体の意識を高め／係のみんなに伝え

B みんなに発表する ➡ 新聞やポスターで知らせる

C 意識を高める ➡ 意欲を引き出す

エピソード④ 係活動

学習面ではあまり目立たないが、係活動では一日も忘れることなく仕事に取り組んだ。

POINT

みんなからの注目度が低くなりがちですが、大切な係活動はたくさんあります。クラスのみんなのためにしている「本人の頑張り」や「友だちとのかかわり」について評価します。

文例① 花係では、毎朝夕、**責任をもって**[A]、花に水をあげました。花の様子をよく観察し、朝の会や帰りの会でクラスのみんなにも注目してもらうように声をかけ、長期的に花の生長を見守ることができました。

文例② 花係の○○さんは、「花がしぼんでしまったなぁ。どうしよう」といち早く花の具合の悪さに気がつきました。毎日丁寧に水やりや観察をしている○○さん**のおかげで**[B]、クラスの花もみるみるうちに元気になり、教室の雰囲気も明るくなりました。

文例③ ごみ捨て係では、毎日責任をもって、燃えるごみ・燃えないごみ・リサイクル資源としっかり分別していました。毎日の係の仕事を忘れずに行うのは大変なことですが、誰も見ていなくても自分のやるべきことをきちんとやろう**とする姿勢が素晴らしいです**[C]。

文例④ 給食台係では、4時間目が終わるとすぐに給食台に駆けつけ、さっと台を出して拭いていました。給食準備のいちばん始めの仕事である台ふきを素早く行っているので、短時間で準備を終わらせることができました。**自分の仕事に最後までしっかりと取り組む**[D]姿勢が身についてきています。

言い換え表現

A **責任をもって** ➡ 毎日欠かさず

B **～のおかげで** ➡ ～の努力によって

C **～とする姿勢が素晴らしいです** ➡ ～と意欲的に取り組んでいます

D **自分の仕事に最後までしっかりと取り組む** ➡ 自分の役割をきちんと果たそうとする

エピソード⑤ 委員会活動 ～集会委員～

集会委員として、全校児童が楽しめるゲームを考え、的確な指示で児童集会を成功させた。

● POINT

集会の準備段階から、積極的に自分の考えを発表し、友だちの意見も聞きながら集会の成功に向けて頑張っている姿を伝えます。

文例 ① 児童集会の内容を決めるときには、たくさんのアイデアを出しながら、友だちの意見をうまくまとめ、全校児童が楽しめる内容を決めていく力をもっています。当日は、**ものおじしない**[A]明るい進行役で、集会を盛り上げることができました。

文例 ② 児童集会では、○○さんが進行役を務めると歓声がわき、ゲームが盛り上がります。事前の準備を地道に行い的確な指示を出す実行力に加え、天性の明るさでみんなを楽しませることができ、集会委員会**には、なくてはならない存在です**[B]。

言い換え表現

A **ものおじしない** ➡ 積極的な／落ち着いた

B **～には、なくてはならない存在です** ➡ ～は、○○さんの力で成り立っています

エピソード❻ 委員会活動 ～栽培委員～

栽培委員として、水やりをしたり草取りなどしたりして、学校の植物に気を配って活動することができる。

POINT
学校全体の植物の様子に気を配り、植物が生き生きとしていられるように世話をしている様子を具体的に伝えます。

文例① 花壇にある花や木の様子を登校時に観察し、土が乾いているようであれば水をあげたり、枯れた花がついていれば摘み取ったりして、学校の植物の様子**に気を配って**[A]世話をしました。その姿は、6年生だけでなく5年生の手本となっています。

文例② 自分の当番の日でなくても、学校の植物の様子に気を配り、水をあげたり雑草を取ったりしていました。**植物が生き生きとしていられる**[B]ように世話をする様子を下級生が尊敬の眼差しで見ています。

言い換え表現

A **～に気を配って** ➡ ～を気にかけて

B **植物が生き生きとしていられる** ➡ 美しい植物でいられる

エピソード❼ クラブ活動

クラブ長として、リーダーシップを発揮するだけでなく、毎回いちばん早く来て準備をし、最後まで残って片づけをしている。

POINT
目立つところだけでなく、みんなが楽しんでクラブ活動ができるように細かいところにも気を配ることができていることを評価します。

文例① 科学クラブでは、リーダーシップを発揮して下級生をまとめています。また、毎回最後まで残って次の人が気持ちよく使えるように理科室の隅から隅まで掃除をしています。最近では、その姿を見た5年生**が真似するようになってきています**[A]。

文例② バスケットボールクラブでは、誰よりも先に体育館に来て、クラブ員がそろったらすぐに練習を始められるよう準備を整え、最後は残ってみんなの使ったボールを磨くなど、**献身的に**[B]活動しています。また、こつこつと地道な練習を積み重ねた○○くんならではのわかりやすい指導で、5年生からも頼れるクラブ長として尊敬されています。

言い換え表現

A ～が真似するようになってきています ➡ ～にも素晴らしい行いの輪が広がってきています

B 献身的に ➡ クラブ全員のことを考えて

エピソード❽ あいさつ月間

あいさつ月間の際に、「相手の目を見て自分からあいさつをする」という目標を立て、達成のためにチェック表を作り、毎日振り返りをして見事に目標を達成した。

● POINT

あいさつする大切さを理解し、気持ちのこもったあいさつをしたいと考え、毎日欠かさず振り返りをしたことで習慣化されたことを伝えます。

文例① 「相手の目を見て自分からあいさつする」という目標をあいさつ月間の際に決め、毎日目標達成に向けて取り組みました。自分でチェック表を作り振り返ることで、少しずつ**習慣化されていきました**[A]。今では、○○さんのあいさつは全校のみんなのお手本になっています。

文例② 気持ちのこもったあいさつをしたいと考え、「相手の目を見て自分からあいさつをする」という**目標を定めました**[B]。あいさつ月間の間だけでなく今でも習慣化されており、出会う人に自分から気持ちのよいあいさつをすることができています。

言い換え表現

A 習慣化されていきました ➡ 当たり前のようにできるようになっていきました

B 目標を定めました ➡ 自分の中でのルールをつくりました

Type 02 一芸に秀でた子

勉強以外で得意なことをもっている

エピソード❶ 係活動 ～マンガ係～

得意な絵を生かして「マンガ係」をつくり、クラスのみんなを楽しませた。

POINT
ただ絵がうまいだけではなく、クラスのみんなが楽しめるような工夫をしていたことを評価することで、さらなる意欲につながります。

文例① 得意な絵を生かして、マンガ係をつくりました。ストーリーを話し合ったり、分担を決めて定期的に発行したりするなどの工夫によって、みんなが新刊の発行をいつも**心待ちにしていました**[A]。

文例② マンガ係を立ち上げ、定期的にマンガを発行しました。ただ得意な絵を描くばかりではなく、ストーリーの構成を考えたりアンケートをとったりするなど、みんなが**楽しめる工夫**[B]が随所に見られました。

言い換え表現

A 心待ちにしていました ➡ 楽しみに待っていました

B 楽しめる工夫 ➡ 楽しめるアイデア

エピソード❷ 係活動 ～イラスト係～

クラスの雰囲気を明るく盛り上げようと、何気ないクラスの出来事を、イラストを使って新聞にした。

POINT
得意なことでクラスを明るくしたいと願う心情を評価します。自分の力がクラスで役立っていると実感できるように、まわりの児童の様子からも評価します。

文例① 絵を描くことが得意で、イラストをたくさん使ってクラスの出来事を描く新聞を発行しています。何気ない出来事を楽しいイラストで描いて記事にする様子に、毎日の学校生活をみんなで大切にしたいという願いが**あふれています**[A]。

文例② 楽しいクラスの仲間との時間を大切にしていきたいという気持ち

が、**ユーモアいっぱいの**[B]イラストや、**何気ない出来事**[C]を書いた小さな記事の中に詰まっています。

言い換え表現

A あふれています ➡ クラス全体に広まっています

B ユーモアいっぱいの ➡ アイデアにあふれた

C 何気ない出来事 ➡ 日常のワンシーン

エピソード❸ 係活動 ～手紙係～

毎朝、手紙BOXに手紙を取りに行くという「手紙係」の仕事を学期期間中、1回も忘れることなく取り組むことができた。

● POINT

高学年には簡単な仕事ですが、継続することの大切さを伝えます。仕事がはっきりしている係は習慣化しやすいので、今後も自信をもって続けることができるように励まします。

文例① 手紙係では、毎朝手紙BOXに手紙を取りに行くという仕事を学期期間中**1回も忘れることなく**[A]取り組み、責任感を強めました。簡単な仕事ですが、毎日続けることが大切なことを自分も感じているようでした。

文例② 1日の学校の生活スケジュールの中に、手紙係の仕事も組み込み、習慣化することができました。「手紙を忘れないで持って帰ってください」などとみんなに声をかけるなど、**責任感あふれる仕事ぶりでした**[B]。

文例③ 仕事が毎日ある手紙係として、学期期間中1回も**忘れずに仕事に取り組んで**[C]いました。誰にも見られていなくても、2学期という長期間にわたる活動に、自分の仕事はしっかりと責任をもって行おうという意欲的な姿勢が見られました。

言い換え表現

A 1回も忘れることなく ➡ 毎日必ず／毎日欠かさず

B 責任感あふれる仕事ぶりでした ➡ 自分の仕事に対して誠実に取り組んでいました

C 忘れずに仕事に取り組んで ➡ 欠かすことなく取り組んで

エピソード④ クラブ活動

リズム感覚がよく、クラブ活動のダンスの練習に熱心に取り組んでいた。

POINT

新体操とダンスの特技を生かして、ダンスクラブでは自分で振り付けを教えるなど熱心に練習していることを評価します。

文例① 休み時間になると、教室に音楽を響かせダンスの練習をしています。1月の発表会に向けて振り付けを工夫し、持ち前のリズム感覚を生かし、**熱心に取り組んでいます**[A]。

文例② 音楽の授業や発表会の練習で歌をうたうとき、○○さんは自然に体でリズムをとることができます。新体操にダンス、自信がもてるものがあるということは大きな**強み**[B]となっています。

言い換え表現

A 熱心に取り組んでいます ➡ 集中して取り組んでいます

B 強み ➡ 励み

エピソード⑤ 誕生日会

クラス全員の誕生日をお祝いするために誕生日会を企画し、もらったときに嬉しくなるようなバースデーカードを作った。

POINT

決まった形のカードを作るのではなく、もらう人が好きな色やキャラクターを事前にリサーチして、もらって嬉しくなるようなカードを一人ひとりに作った心配りを評価します。

文例① 月1回の誕生日会が近づくと、全員の好きな色や好きなものをリサーチして、もらった人に喜んでもらえるようなバースデーカードを作成しました。クラスの仲間として全員の誕生日をお祝いしようとする気持ち**にあふれています**[A]。

文例② 月1回の誕生日会では、全員分のバースデーカードを工夫しながら作り、渡していました。カードをもらった友だちは、自分の好みに合ったカードをいつまでも**嬉しそうに眺めていました**[B]。

言い換え表現

A **～にあふれています** ➡ ～が素晴らしいです
B **嬉しそうに眺めていました** ➡ 感慨深そうに見つめていました

エピソード❻ 感謝の会

招待状やお礼状を、得意のイラストを添えて、丁寧に仕上げることができた。

POINT
自分の得意なことで感謝の気持ちを伝えようとする態度を評価します。子ども自身が、得意なことをさらに伸ばそうと思えるように書くことが大切です。

文例① 感謝の会の招待状やお礼状を書く際には、**心が温まる**[A]文と得意のイラストを添えて仕上げ、地域の方々にまごころを届けることができました。

文例② 感謝の会の招待状やお礼状づくりでは、コラージュのように画用紙をちぎって貼り合わせるなど、アイデアにあふれたデザインに仕上げることができ、**センスのよさが光りました**[B]。

文例③ 感謝の会のお礼状を書く際、地域の方々への感謝と、楽しかった行事の思い出を、柔らかな雰囲気のイラストで見事に表現し、**気持ちがほっこりする**[C]お礼状を書くことができました。

文例④ 感謝の会の招待状づくりでは、地域の方々への感謝の気持ちと、感謝の会に向けた意気込みを、イラストで描き表しました。ただ上手に絵を描くだけでなく、自分の思いをイラスト**で表現する**[D]力が身についています。

言い換え表現

A **心が温まる** ➡ 愛情のこもった
B **センスのよさが光りました** ➡ 味がありました／個性が光りました
C **気持ちがほっこりする** ➡ 思いのこもった
D **～で表現する** ➡ ～を使って他人に伝える

特別活動 Type 02 一芸に秀でた子

Type 03 知識が豊富な子

歴史や地理、科学などへの関心が高い

エピソード❶ 学級活動

クラスで話し合いをする際に司会を務め、みんなから出てきた意見を瞬時に類別して話し合いをスムーズに進めることができた。

POINT
みんなから出された意見の本質をとらえ、必要なことだけを板書して意見を整理することができる頭の回転の速さを評価します。

文例① クラスで話し合いをする際には、進んで司会を務めます。出された意見で必要な単語だけを板書し、意見を整理することができるので、**話し合いがスムーズに進みます**[A]。○○さんの司会の仕方はクラスのお手本になっています。

文例② 話し合い活動をするときには、司会を務め、出された意見を瞬時に仲間分けをし、わかりやすく板書することができます。○○さんの**頭の回転の速さ**[B]にはいつも驚かされます。

言い換え表現

A **話し合いがスムーズに進みます** ➡ 本当に大切なことを話し合うことができます

B **頭の回転の速さ** ➡ 判断力の高さ

エピソード❷ 係活動　～なぞかけ係～

語彙力を生かしたなぞかけ係を立ち上げた。学級の友だちは、いつも発表を楽しみにしていた。

POINT
本人の発想はもちろん、学級の友だちをひきつける工夫をしていたところを評価することで、知識をみんなのために使っていく意欲とするのがねらいです。

文例① 豊かな語彙力を使って、「なぞかけ係」を立ち上げ、毎日発表しました。朝の会に問題を出して帰りの会に正解を発表したり、友だちからお題を募集したりするなど、**思わずみんなが参加したくなるような**[A]工夫をして、盛り上げてくれました。

文例② なぞかけ係では、**豊富な語彙を使って**[B]、みんなをうならせるなぞかけを発表することができました。クイズ形式にしたり、友だちからもらった言葉をもとに考えたりするなど、みんなが参加できるような工夫が随所に見られました。

言い換え表現

A 思わずみんなが参加したくなるような ➡ みんなを巻き込む／みんなをひきつける

B 豊富な語彙を使って ➡ 豊かな語彙力で／言葉をよく知っていて

エピソード③ 係活動 ～植物係～

植物が育ちやすい環境など、今まで理科で学習した知識を生かして、自分の係の仕事を創意工夫することができた。

● POINT

学習を生かして自分の係の仕事に創意工夫を加えたことは、自分の仕事に誇りをもっていることの表れです。自分の頭で考えて工夫をしたことをほめていくとよいでしょう。

文例① 植物係として、暑い日にはプランターを日陰に移動させるなど、学習したことを生かし自分なりに工夫しながら仕事を行うことができました。**責任感の高まり**[A]はもとより、創意工夫をして楽しみながら仕事に向かう姿勢が何より素敵でした。

文例② 植物係として、土の様子を見て水の量を調節したり、植物の葉の様子を見て肥料を与えたりするなど、学習したことを生かして**自分なりの工夫**[B]をしながら仕事を行うことができました。

言い換え表現

A 責任感の高まり ➡ 自分の仕事に誇りをもって行うこと

B 自分なりの工夫 ➡ 創意工夫

エピソード❹ 委員会活動

代表委員としてユニセフ募金がなぜ必要なのかということを自分の考えを交えながら、集会で全校に伝えることができた。

POINT
ユニセフ募金の重要性を自分で調べ、それを自分の言葉で全校に伝えることができたことを評価します。

文例① なぜユニセフ募金が必要なのかと疑問をもち、その理由を調べたところ、世界には満足に教育を受けることができなかったり、安全な水を飲むことができなかったりする子どもたちが数多くいることを知り、ユニセフ募金の必要性を**痛感しました**[A]。現在の日本の子どもたちの暮らしぶりと比較しながら、全校にユニセフ募金への協力を呼びかけることができました。

文例② アフリカには5歳未満で亡くなってしまう子どもが数多くいることを知り、アフリカの農業や工業の現状について調べました。日本と比べ、経済状況が非常によくないことを知り、世界の国々が助け合っていかなければならないと強く思うようになり、代表委員としてユニセフ募金への**協力を全校に呼びかける**[B]ことができました。

言い換え表現

A 痛感しました ➡ 強く感じました

B 協力を全校に呼びかける ➡ 協力の必要性を訴える

エピソード❺ クラブ活動 ～科学クラブ～

科学クラブに所属し、元素記号や気体について調べ、意欲的に活動している。

POINT
科学クラブで実験をする際に、自発的に調べて得た知識を生かしてアイデアを出すなど、熱心な様子を記述します。

文例① 科学クラブでは、実験についてアイデアを出したり進んで実験を行ったりして、**楽しそうに活動しています**[A]。疑問に思ったことを何でも調べる姿勢も素晴らしいです。

文例② 科学クラブでは、持ち前の豊富な知識を生かして実験のやり方を説明したり、準備や後片づけを**進んで行ったり**[B]して、**活動を有意義で楽しいものにしています**[C]。

言い換え表現

A 楽しそうに活動しています ➡ 意欲的に取り組んでいます

B 進んで行ったり ➡ 自分から行うことでよい手本を示したり

C 活動を有意義で楽しいものにしています ➡ 意欲的に取り組むことで、活動の価値を高めています

エピソード❻ お楽しみ会

お楽しみ会で、自分でお話をつくったり道具を準備したりして、劇をつくり上げ、楽しく演じることができた。

● POINT

既成のクイズや本を読むのではなく、オリジナルの作品を考え、必要なものを準備して取り組んだことを評価します。

文例① お楽しみ会では、創作劇をつくり上げました。計画から演出の仕方までを考え、成功させることができるアイデアの豊かさと実行力**に驚きました**[A]。

文例② お楽しみ会で創作劇を演じ、計画から本番まで、自分で考えて企画したことを実現することができました。**アイデアと実行力**[B]が素晴らしいです。

言い換え表現

A ～に驚きました ➡ ～はまわりのお手本にもなります

B アイデアと実行力 ➡ 発想の豊かさと行動力

特別活動

Type 03

知識が豊富な子

Type 04

発想が豊かな子

ひらめき力があり、違う視点で発想できる

エピソード❶ 係活動　～生き物係～

生き物係として、えさやりや掃除以外にも自分から仕事を見つけて実行し、学級の生き物への関心を高めた。

POINT
自分の発想を仕事に生かしていることを評価し、子どもの主体的に取り組む姿勢を高めていきます。

文例① 生き物係として、金魚に名前をつけたり、それぞれの特徴を紹介したりしています。より金魚に関心をもってもらうために、工夫し**意欲的に活動に取り組む**[A]姿が輝いていました。

文例② 生き物係として、えさや掃除の世話はもちろん、それぞれの金魚に名前をつけて、みんなに関心をもってもらえるような工夫をすることができました。自分から仕事を探す姿勢に、**働くことへの意欲**[B]が感じ取れます。

言い換え表現

A 意欲的に活動に取り組む ➡ 前向きに活動に取り組む／仕事をどんどんやる

B 働くことへの意欲 ➡ 働くことを楽しもうとする態度

エピソード❷ 係活動　～図書係～

図書係としての立場を自覚して、責任感をもって取り組んでいた。

POINT
係活動は、係によっては決まった仕事がないこともあります。図書の時間での活動だけでなく、毎日何をするか、自分で考えて実行できたことを評価します。

文例① 図書係となり、みんなが使いやすいように学級文庫の整理整頓をしていました。また、図書室の使い方をクラス全体に呼びかけるなど、みんなが快適に図書室を使うことができるように、自ら進んでできる仕事を**考えて活動しました**[A]。

文例② 図書係となり、新しい本の紹介をしたり、クラスで読みたい本のアンケートをとって読み聞かせをしたりしていました。係としてやるべき仕事を常に考え、**工夫して仕事に取り組んでいることがわかります**[B]。

言い換え表現

A 考えて活動しました ➡ 自主的に考えて実行に移すことができる力があります

B 工夫して仕事に取り組んでいることがわかります ➡ 自主的に取り組む実行力があります

エピソード❸ 係活動

係の仕事の範囲を超え、自分なりのアイデアを出しながら活動することができた。

POINT
係活動をただやるのでなく、よりよい学校生活を送ることができるように工夫をしながら活動していることに着目します。発想力を役立て、かつ楽しむことができる力をもっていることを評価します。

文例① 掲示係として、配布物の重要度を考えながら、さまざまな告知をわかりやすく教室に掲示しました。最初に決めた係の活動内容を自分なりに工夫し、よりよい学校生活をみんなが送れるよう**努力する**[A]姿勢が立派です。

文例② 「このプリントもあの壁のところに貼ったほうがいいでしょうか?」と、自分に任された仕事以外にも、自分にできることがないか探して実行していました。○○さんの**豊かな発想力**[B]に、クラス全体が助けられ、見通しをもった生活をすることができています。

言い換え表現

A 努力する ➡ よく頑張っている

B 豊かな発想力 ➡ みんなのためにきれいに掲示したいという気持ち

エピソード④ 委員会活動

委員会活動の中で、アイデアを提案して活動を活発にすることができた。

POINT

所属する委員会のめあてに向かって、どのような取り組みができるのかを考え、進んで意見を出したことを評価します。それが、委員会を活発にしていることにつながったことを伝えることで、さらなる意欲につなげます。

文例① 保健委員会で、手洗いを習慣づけるための方法を話し合ったとき、「てをあら王」を提案しました。自ら「てをあら王」になり、集会で身振り手振りで手の洗い方を見せ、手洗いの大切さを伝え、全校でも評判になりました。委員会の手洗い運動が活発になったのは、○○さんの**アイデアのおかげです**[A]。

文例② 放送委員会のお昼の放送で、「○○小クイズ」をやることを提案しました。先生や主事さんにインタビューをし、みんなが知らない学校のひみつをクイズにして楽しませようと、○○さんを中心に委員会で話し合いました。○○さんのひらめき**にみんなが感心しています**[B]。

言い換え表現

A アイデアのおかげです ➡ 豊かな発想によるところが大きいです

B 〜にみんなが感心しています ➡ 〜がみんなのやる気を引き出します

エピソード⑤ クラブ活動　〜パソコンクラブ〜

パソコンクラブの活動の中で、独創的なセンスを生かしてカード作りなどをしていた。

POINT

パソコンの操作に慣れていて、名刺や暑中見舞いカードなど、オリジナリティあふれる作品を作成したことを評価して伝えます。

文例① パソコンクラブで、名刺を作って交換する活動をしました。名刺に風景の写真を取り込んだり、字体や色を工夫したりしてオリジナリティあふれる作品になりました。独創的な中にもデザインにバランスのよさがあり、**センスのよさを感じます**[A]。

文例② パソコンクラブで、プレゼンテーションソフトを使って自己紹介の資料を作りました。図や写真をうまく盛り込み、アニメーション効果を駆使して、インパクトのある作品に仕上げました。**豊かな発想力を発揮しています**[B]。

言い換え表現

A センスのよさを感じます ➡ 友だちからも高い評価を得ています

B 豊かな発想力を発揮しています ➡ 豊かな発想が学習のいろいろな場面で表れています

エピソード⑥ お別れ会

友だちのお別れ会に向けて、送り出す相手の気持ちを考えて、計画や準備を進めることができた。

● POINT

お別れ会の出し物を考えるときに、相手の気持ちや状況を考えることができた。そのやさしさと実行力を伝えられるようにします。

文例① お別れ会では、計画から本番までしっかりと準備を進めてくれました。転校する友だちとのエピソードを紙芝居にしたり、その友だちの歌をつくってうたったりするなど、**送り出す友だちのことを考えて**[A]出し物を提案し、クラスの心がひとつにまとまりました。

文例② お別れ会では、「○○さんのエピソードを紙芝居にしよう」「○○さんの歌をつくってみんなでうたおう」と送り出す相手が喜んでくれることをいちばんに考え、○○さんとの思い出を振り返るような出し物を提案していました。そのやさしさがクラス全体に広がり、**みんなの心に残る思い出深い会**[B]になりました。

言い換え表現

A 送り出す友だちのことを考えて ➡ お別れ会の目的をよく理解して／送り出す相手の気持ちをいちばんに考えて

B みんなの心に残る思い出深い会 ➡ みんなの心がひとつになった温かい会

エピソード❼ あいさつ月間

あいさつ月間の取り組みでは、みんながあいさつをするためのアイデアを考えることができた。

● POINT

「どうしたらみんながあいさつしてくれるか」を自分で考え、積極的に提案していたことを評価します。また、活動を自ら楽しんでいた様子を具体的に記述すると、保護者の方にもわかりやすく伝えることができます。

文例① あいさつキャンペーンでは、みんながあいさつをするためには、どうしたらよいか自ら考えることができました。自分の考えた意見をクラスのみんなに進んで伝えようとする**姿勢が立派です**[A]。

文例② あいさつ月間では、「かわいい絵が描かれたあいさつカードを手に持って、元気にあいさつしよう！」と目標を立てて取り組みました。進んで**新しいアイデアを提案する**[B]ことができました。

文例③ あいさつ運動では、「8時に北門に集合だよ。こちらから大きな声であいさつをすれば、みんなあいさつを返してくれるよ」と自分から**進んで**[C]あいさつをする楽しさを味わっていました。

文例④ あいさつ月間では、どうすればみんながあいさつをするようになるかを考え、あいさつカードやポスターの作成など、さまざまなアイデアを積極的に提案して、**クラスでの話し合いを活発なものにする**[D]ことができました。

言い換え表現

A 姿勢が立派です ➡ 態度が素晴らしいです

B 新しいアイデアを提案する ➡ 次々にアイデアを考える／たくさんの意見を出す

C 進んで ➡ 臆せず／大きな声で

D クラスでの話し合いを活発なものにする ➡ 友だちの積極性を引き出す

Type 05 まわりのために動ける子

周囲の状況に気配りができ、献身的に動ける

エピソード❶ 学級会

学級会の話し合いで、副司会を務め、話し合いがスムーズに進むように司会を助けていた。

POINT
副司会という、あくまでも司会を補佐する役割を認識していて、助言することができていたことを評価します。

文例① 学級会で話し合ったときには、副司会になりました。意見がなかなかまとまらず司会者が進行に戸惑っているときに、横からそっと声をかけたり話し合いの補足をしたりして、国語で学習した「副司会の役割」をよく理解して**進めることができました**[A]。

文例② 学級会で副司会を担当したときには、司会者の進行に補足したり、板書する友だちに声をかけたりすることができました。国語で学習した「副司会の役割」を理解して、**考えながら進めていることがわかりました**[B]。

言い換え表現

A **進めることができました** ➡ 実際の活動に生かすことができています

B **考えながら進めていることがわかりました** ➡ どのように動けばよいかよく考えて進めました

エピソード❷ 係活動

クラスのみんなが見やすいように、次の日の持ち物や連絡を毎日欠かさず板書し、クラス全体の忘れ物が減る工夫を考えて実行した。

POINT
連絡事項を、クラスのみんなにわかりやすいように、工夫して板書できるのは、まわりの人のことをよく考えている表れです。創意工夫を加えたこととまわりのために動いていることを評価します。

文例① 持ち物係では、クラスのみんなが見やすいように、**色を変えたり強調したりして**[A]、宿題や持ち物を黒板に忘れずに書いてくれました。

文例② 自主勉強やノートを提出する曜日を表にしてわかりやすく整理したり、書く位置を変えたりしていました。**自分なりに工夫しながら**[B]仕事を行おうとする姿勢が**素晴らしいです**[C]。

言い換え表現

A **色を変えたり強調したりして** ➡ 自分なりの工夫を加えて

B **自分なりに工夫しながら** ➡ 創意工夫を加えて

C **素晴らしいです** ➡ 立派です

エピソード③ 係活動

自分の係だけでなく、他の係のことを気にかけることができた。

POINT

まわりに目を向け、変化や困ったことによく気がつくことができます。日頃から冷静に物事を観察し、今、必要なことは何か、気を配ることができる行動力を評価します。

文例① クラスで飼っている金魚が弱って金魚係が困っていたとき、一緒に本で病気について調べたり、水を替えるのを手伝ってあげたりしました。まわりをよく見て、困っている友だちに気づき、**いちばん先に駆けつける**[A]ことができます。

文例② 整列係がお休みをしていたとき、お休みの子の代わりに、堂々と号令をかけたり、工夫して並ばせたりすることができました。日頃から、他の係の友だちの**行動をよく見ている**[B]ので、すぐに自分も挑戦してみようという気持ちになることができました。

文例③ 掃除係として、自分の当番の日には教室を整頓したり掃除したりするなど自分の役割を果たしていました。あるときには、「先生、係を増やしてもいいですか」と、給食当番を手伝う係をつくり毎日活動するようになりました。自分のことだけでなく人**のことを考えられる力が育ってきています**[C]。

言い換え表現

A **いちばんに先に駆けつける** ➡ 進んで手伝う／率先して手伝う

B **行動をよく見ている** ➡ 頑張りを認めている／いいところを見つけている
C **～のことを考えられる力が育ってきています** ➡ ～のために努力しています

エピソード④ 委員会活動 ～栽培委員～

栽培委員として、花壇の水やり、枯れた花摘みを登校してすぐに行っている。

POINT
忘れずに続けていること、友だちにも声をかけ、みんなで花壇の花を大切にしようと呼びかけていることを評価します。

文例① 栽培委員として、ベゴニアを花壇に植えました。その後の水やりを忘れることなく行い、枯れた花を摘むなど、**献身的に**[A]世話をしました。仕事への責任感をもって、植物の身になって世話をすることができるのは素晴らしいことです。

文例② 栽培委員として、花壇に生えた草を一生懸命に抜く作業をしました。登校するとすぐに花の世話をし、友だちにも声をかけて、みんなで花を育てようとする**意気込みは素晴らしいです**[B]。

言い換え表現

A **献身的に** ➡ 骨身を惜しまず
B **意気込みは素晴らしいです** ➡ 姿勢に感心させられます

エピソード⑤ 委員会活動 ～代表委員～

代表委員会では、最高学年として学校をよりよくしていこうと自ら率先して活動することができた。

POINT
よりよい学校にしていくために最高学年としてできることを考え、行動する態度を評価することで、さらに6年生としての自覚が期待できます。

文例① 代表委員会では、廊下の歩き方について、全校のみんなに放送で呼びかけることを計画しました。学校全体にも視野を広げて活動し、最高学年としてひと回り大きくなった姿**が輝いています**[A]。

文例② よりよい学校にすることを目指して、代表委員会として**自分にできること**[B]を考えながら行動していました。安心・安全な学校をモットーに、意見箱の設置を提案し、まずは全校児童の意見を聞くことから始めました。

文例③ 代表委員として、学級のことだけでなく学校全体にも目を向けることができるようになりました。あいさつ月間には、自分の当番の日以外にも校門に立ち、「あいさつがあふれる○○小」をめざして、学校の代表として**率先した取り組みを行っています**[C]。

言い換え表現

A ～が輝いています ➡ ～は下級生の模範となっています／～がきらりと光っています

B 自分にできること ➡ やるべきこと／自分の任務

C 率先した取り組みを行っています ➡ リーダーシップを発揮しています

エピソード⑥ クラブ活動

クラブ活動で、準備や片づけを率先して行い、活動が楽しくできるように気を配ることができた。

POINT

異学年、異クラスでの活動の中でまわりの状況を見て、言われなくても進んで活動できることの素晴らしさを評価します。

文例① 科学クラブでシャボン玉の実験をしたときには、**進んで準備を手伝い**[A]、スムーズに実験を始めることができました。シャボン玉の液が床にこぼれていると、自分がこぼしたものでなくてもさっと拭くことができます。「誰かが滑ったら大変だから」と、笑顔を見せる○○さんのやさしさに感激しました。

文例② 球技クラブでは、いつでも最初に校庭に出てきて、ライン引きを行いました。活動が終わったあともゼッケンをきちんとたたんでかごに入れ、ボールが転がっていないか、まわりを見回しながら戻る**気配りが身についています**[B]。

言い換え表現

A 進んで準備を手伝い ➡ 何をすればよいかを考えながら準備することができ

B 気配りが身についています ➡ 自主性が育まれています

エピソード❼ 学級遊び

仲間はずれが出たり、危険なことが起こったりしないように声をかけることで、楽しい学級遊びを支えた。

● POINT

配慮ある発言や行動が、学級全体の楽しい時間をつくっていると評価することで、本人にとっても保護者にとってもわかりやすい所見となるようにします。

文例① 学級遊びの時間には、遅れてきた友だちを呼んで輪に入れたり、安全に遊ぶために間隔を空けるよう呼びかけたりしています。**全体を見回す**[A]ことで、いつもみんなが笑顔で遊ぶことができます。

文例② 学級遊びの時間には、自分が楽しむことはもちろん、みんなが楽しく遊べるための配慮も欠かしません。友だちに呼びかけ、仲間はずれが出ないように輪に入れたり、安全への声かけをしたりするなど、**思いやりの心**[B]が素晴らしいです。

文例③ どんなときでも**クラス全体のことを考えて**[C]行動できる○○さんがいることで、学級遊びの時間はとても楽しいものになっています。普段あまり大人数で遊ばない子でも、○○さんが声をかけながら遊びを盛り上げるので、すぐに一緒になって楽しむことができます。

言い換え表現

A 全体を見回す ➡ みんなに気配りをする

B 思いやりの心 ➡ みんなのことを考える気持ち

C クラス全体のことを考えて ➡ みんなに気を配りながら

特別活動 Type 05 まわりのために動ける子

Type 06 クラスをまとめる子

段取りがよく、リーダーシップを発揮できる

エピソード❶ 学級会

話し合い活動では、常に解決に向けて前向きな発言をして、議題をまとめている。

POINT

自分と違った意見についても、みんなで話し合う場面を大切に考え、よりよい方向に解決しようと努力していること、そして発案できる力があることを評価して伝えます。

文例① 宿泊活動に向けての生活班、行動班を決める話し合いで、「クラスの中だけで行うか、学年全体で行うか」で意見が分かれたときに、○○さんの考え方でまとめることができました。常に根拠がはっきりしているので説得力があり、**友だちからの信望も厚いです**[A]。

文例② 長なわとびの持ち手を決める話し合いのとき、どうしたらクラスの跳ぶ回数が増えるのかに着目し、意見を述べました。広い視野で物事を解決に導こうとする姿勢は**友だちからも認められています**[B]。

文例③ 学級会に向けて、「誕生会」や「教室のルール」など、そのときに合った議題を提案しています。クラスの様子をよく見て発案したり、先を見通して考えたりする力が**育まれている**[C]ことがわかります。

言い換え表現

A 友だちからの信望も厚いです ➡ 大きな信頼を得ています

B 友だちからも認められています ➡ クラスのけん引力となっています

C 育まれている ➡ 発揮されている

エピソード❷ 学級会

学級で取り組む活動では、みんなが楽しめるアイデアを出し、率先して行動に移すことができた。

POINT

自分の思いも友だちの思いも「よい」と思ったことを、しっかりと主張することができる意志の強さを評価します。

文例① 学級会では、「転校する友だちのためのお楽しみ会をしよう」と議題を出しました。思いついた意見を**ものおじせず**[A]友だちに伝えることができます。この積極性と行動力はクラスの模範となっています。

文例② 帰りの会では、友だちの頑張りを振り返り、「どんな行動が、どうしてよかったか」を**堂々と**[B]発表することができました。友だちの頑張りを認め、ほめ合うことで、クラス全体の意識を高めようとする姿勢が立派でした。

文例③ 学級会に向けて、積極的に議題を提案しています。みんなで話し合って考えていくことの大切さを理解し、行事や学級活動などを通してみんなが楽しく過ごすことのできるクラスにしようと**考えていることがわかります**[C]。

言い換え表現

A ものおじせず ➡ しり込みせず／積極的に
B 堂々と ➡ 大きな声で／胸を張って
C 考えていることがわかります ➡ いう思いが伝わってきます

エピソード③ 委員会活動 ～集会委員～

集会委員の委員長に立候補し、毎回の委員会や集会に参加した。自分の担当ではない集会でも、毎回自ら進んで手伝った。

POINT
集会委員の委員長として自覚をもち、担当のグループだけでなく他のグループのことも気にかけることができる責任感の強さを評価します。

文例① 委員長としての役目を立派に務めました。初めは仕事の内容がわからず戸惑う場面もありましたが、回を追うごとに把握できるようになりました。また、自分の担当の集会ではなくても率先して手伝ったり、声をかけたりしており、委員長としての**責任感も高まってきています**[A]。

文例② 毎回の委員会活動では、どのような活動をしたらよいかを自分で考えてから、担当の先生に流れを確認に行きます。また、担当以外の集会も気にかけ、**必要に応じてサポートする**[B]など委員長としての、責任感の高まりを感じます。

言い換え表現

A **責任感も高まってきています** ➡ 自分の仕事に誇りをもって取り組むことができています

B **必要に応じてサポートする** ➡ 手伝えるときには一緒に活動する

エピソード④ 委員会活動　～放送委員～

放送委員になり、さまざま企画を提案しました。委員会の活動で学校を楽しくしたいと頑張りました。

POINT
誰に言われたわけでもなく、自分の役割を自覚して行動に移す態度を、具体的な場面を通して評価します。

文例① クラスの楽しい様子をビデオに撮って放映する活動を提案するなど、アイデアと行動力で委員会**を力強くリードしました**[A]。

文例② 朝の放送で担当者が当番を忘れたとき、いち早く気づいて放送するなど、放送室で困ったことが起きたときには真っ先に駆けつけました。**委員会の仕事に対する意識が高く**[B]、みんなから信頼されています。

言い換え表現

A **～を力強くリードしました** ➡ ～の先頭を突き進みました

B **委員会の仕事に対する意識が高く** ➡ 仕事への責任感を強くもっていて

エピソード⑤ お楽しみ会

お楽しみ会の鬼遊びの進行で、みんなが楽しく遊べるように、鬼を決めたり時間調整をしたり、先頭に立って行動した。

POINT
先頭に立って動き、クラスみんなが楽しく遊べたことを評価します。子どもも保護者の方も、わかりやすい所見となるようにします。

文例① 学級のお楽しみ会では、鬼遊びの時間にみんなをまとめることができました。鬼をやる人を**手際よく**[A]決めたり、時計を見ながら時間を調整したりするなど、遊びに時間をたっぷりと使い、**みんなも満足そうに**[B]

していました。

文例② お楽しみ会では、鬼遊びの係として、率先して鬼を決めたり時間の調整を行ったりしました。みんなの楽しい時間のために**進んで動こうとする姿勢**[C]が立派でした。

言い換え表現

A **手際よく** ➡ 自分で／率先して
B **みんなも満足そうに** ➡ 友だちも嬉しそうに
C **進んで働こうとする姿勢** ➡ 何をすべきか考え行動する態度

エピソード⑥ 異学年交流

1年生が楽しめるように、知恵をしぼって企画を考えたり、クラスの仲間に積極的に声をかけたりした。

POINT
下級生とのかかわりの中でクラスをまとめたことを評価します。それが6年生として求められる力だからです。その姿が、友だちの目にどう映ったのかを書いてもよいでしょう。

文例① 1年生との異学年交流では、1年生が楽しめるような遊びの提案や周囲の状況をよく見た臨機応変な行動をするなど、係の仲間と協力しながら**クラスの中心となって**[A]交流を進めることができました。

文例② 異学年交流では、下級生に合わせて目線を下げて話を聞いてあげたり、スムーズに進行できるように時間を意識したりしながら、みんなに声をかけたりする姿が**頼もしかったです**[B]。

文例③ 1年生との異学年交流では、クラスの仲間に積極的に声をかけ、1年生が楽しめるような時間にするにはどうしたらいいのかを話し合いながら準備を進めました。○○さん**のリーダーシップによって**[C]、1年生にとって居心地のよい時間を過ごしてもらうことができました。

言い換え表現

A **クラスの中心となって** ➡ みんなを引っ張って／リーダーとなって
B **頼もしかったです** ➡ 心強かったです／輝いていました
C **～のリーダーシップによって** ➡ ～がみんなをけん引することで

エピソード❼ クラブ活動

クラブ活動で、クラブ長になりクラブ全員をまとめながら活動した。

POINT
異学年、異クラスが集まって活動するクラブをまとめていくことはとても大変なことであり、その中でクラブ全員をまとめて活動することができたことを評価します。

文例① 家庭科クラブのクラブ長になり、活動内容を決めるときに、4年生にもできる内容から選ぼうと気を配りました。グループ決めも、仲よしで組みたいという意見が出る中、6年生がリーダーシップを発揮できるグループづくりを提案し、説得しました。クラブ活動が**有意義に**[A]進められているのは、○○さんのおかげです。

文例② 球技クラブのクラブ長として、「楽しいけれど、けじめあるクラブにしたい」と意欲を見せました。ミスをした人には「ドンマイ」と明るく声をかけ、準備をしないで遊んでいる人には、はっきりと注意をするクラブ長**のことをみんなが信頼しています**[B]。

文例③ 科学クラブのクラブ長になり、疑問に思ったことを何でも調べ、積極的に実験についてアイデアを出すなどしてリーダーシップを発揮しています。他のクラブ員に対して実験のやり方を説明したり、準備や後片づけを進んで行ったり、クラブ員たちへの気配りもできるようになり、クラブ長としての**責任感の強さ**[C]も見られます。

文例④ バスケットボールクラブのクラブ長として、チームプレイを中心とした練習メニューを考えました。どんなときでもチームワークを大切にするクラブ長の姿勢**から、下級生たちもチームワークの大切さを学んでいます**[D]。

言い換え表現

A 有意義に ➡ みんなで助け合いながら

B 〜のことをみんなが信頼しています ➡ 〜にみんなが憧れています

C 責任感の強さ ➡ 自覚の表れ

D 〜から、下級生たちもチームワークの大切さを学んでいます ➡ 〜を、下級生たちも手本としています

Type 07 積極的に自己表現できる子

自分なりの思いや考えをさまざまに表現できる

エピソード❶ 学級会

学級会で学校生活のルールについて話し合ったとき、根拠をはっきりさせながら自分の考えを積極的に発表していた。

POINT

クラスの話し合いの場面で、高学年としての自覚をもち、学校生活をよくしたいという気持ちで、自分の意見をしっかりともって学級会に参加していたことを評価します。

文例① 学級会で学校生活のルールについて話し合ったときには、具体的な場面を想定しながら意見を出すことができ、一人ひとりが日常生活を**振り返ること**[A]ができました。

文例② 学級会では友だちの意見をよく聞いて、賛成や反対など理由をつけて発言することができます。**自分の意見をしっかりともっていること**[B]がわかります。

文例③ 学級会で学校生活のルールについて話し合ったときには、自分がルールに反する行動をとってしまった**ときの反省やそのときの気持ちを交えて**[C]発表し、クラスのみんなが実感をもってルールについて考えることができました。

言い換え表現

A **振り返ること** ➡ 振り返りながら話し合いを進めること

B **自分の意見をしっかりともっていること** ➡ 学校やクラスの生活をよくするためにどうすればよいか、自分の意思で考えていること

C **〜ときの反省やそのときの気持ちを交えて** ➡ 〜ことを振り返り、そのときの心情を表しながら

エピソード❷ 係活動

係活動に意欲的に取り組み、クラスをよりよくしていこうと活動した。

POINT
決まった仕事をするだけの係活動にとどまらず、クラスのためになる活動を考え、実行に移すことができたことを評価します。

文例① 新聞係になり、クラスを活気づける新聞を作ろうと意欲的に取材をしました。特に「1組のぴかイチ！」コーナーでは、クラスで頑張っている友だちやグループを紹介する記事を掲載し、みんなが楽しみにしていました。新聞ができるたびに**クラスが笑顔になりました**[A]。

文例② 「みんなが仲のよいクラスにする！」をマニフェストに掲げ、「なかよし係」をつくりました。休み時間にみんなで遊ぶ日を決めたり、クラスの旗を作ろうと提案したりと、仲よくなるための活動に積極的に取り組むことができました。遊びを呼びかけている○○さんの**笑顔にみんなが賛同しています**[B]。

言い換え表現

A **クラスが笑顔になりました** ➡ まわりが明るい雰囲気になりました

B **笑顔にみんなが賛同しています** ➡ おかげでクラスがまとまってきています

エピソード❸ 委員会活動

集会委員となり、児童集会では司会者として活躍している。

POINT
大変度胸があり、集会の司会者としてマイクを通して堂々と話し、集会を有意義なものにしていることを評価します。

文例① 集会委員として、児童集会では司会を担当し盛り上げています。歯切れのよいよく通る声は大変聞き取りやすく、やり方の説明も浸透します。○○**さんのおかげで**[A]いつも楽しい集会になっています。

文例② 児童集会では、変装をしたり小物を使ったりしてゲームを盛り上げています。豊かなアイデアの持ち主で、大勢の前でも臆することなく

自分を表現すること[B]ができます。

言い換え表現

A **○○さんのおかげで** ➡ ○○さんの明るい声が響き
B **自分を表現すること** ➡ 場を盛り上げること

エピソード❹ 委員会活動 ～図書委員～

Type 07

図書委員会の集会で図書室の使い方を全校に伝えるために、下級生をまとめながら率先して練習し、集会を大成功に導いた。

● POINT
委員の一員として何をするべきかを考え行動に移すことで、委員会の中で信頼を得ていったことを評価します。

文例① 図書委員会では、委員として**常に何をすればよいかを考えて**[A]行動することができました。担当の人が休みであれば代わりに当番に入るなど、積極的に活動することができました。

文例② 図書室の使い方や本の扱い方を全校に知らせる集会では、下級生**にわかりやすく指導し**[B]、集会を大成功に導きました。

言い換え表現

A **常に何をすればよいかを考えて** ➡ 見通しをもって計画的に
B **～にわかりやすく指導し** ➡ ～にさり気なく提案し

エピソード❺ クラブ活動

Type 07

クラブ活動で、積極的に意見を述べ、活動に意欲的に取り組んだ。

● POINT
異学年、異クラスが集まって自主的に活動するクラブ活動の中で、積極的に意見を述べることができたことを評価します。自分のやりたいことを形にしていく意欲を認め、伝えます。

文例① ダンスクラブに入り、創作ダンスに取り組みました。テーマや曲を決める話し合いでは、**積極的に意見を述べ**[A]、自分の思いを伝えることができました。振り付けを考えるときも「こうしたらどう？」といろいろな動きを見せてくれるので、話し合いが活発になりました。

文例② 科学クラブで、「種子の模型」作りに取り組みました。どの種子がどんな落ち方をするのか、自分の考えを積極的に発表しました。模型の飛び方がうまくいかないと、紙の角度やおもりの位置などについて工夫することができ、それが友だちの参考になり、**楽しい雰囲気で活動することができました**[B]。

言い換え表現

A 積極的に意見を述べ ➡ 自分のイメージしたことを進んで話し

B 楽しい雰囲気で活動することができました ➡ クラブ活動が活発になりました

エピソード⑥ お楽しみ会

クラスのお笑い担当で、いつも周囲を笑顔にさせ、みんなが恥ずかしがるような出し物でも気軽に引き受けてクラスを楽しませてくれました。

POINT

ムードメーカーは、クラスに欠かせない存在です。友だちと笑い合う時間を大切にし、積極的にかかわろうとする態度が、クラスの仲間に与える影響を意識して評価します。

文例① 自分の明るさが、クラスの楽しさを引き出すきっかけになることを自覚していて、大事な場面では必ず、自ら口火を切って仲間の**前に飛び出していきます**[A]。

文例② 「恥ずかしいなんてもったいない」という言葉から、**進んで前に出て**[B]みんなを引っ張ることが、自分のよさだということに気づいていることがわかります。

文例③ モノマネやコント、漫才など楽しいことを考え出すアイデアマンで、いつもクラスのムードメーカーとしてみんなを盛り上げ、**笑顔にして**[C]くれました。

文例④ 人前に立っても、ものおじせず堂々と自分を表現できることは、○○くんの**強みとなっていく**[D]はずです。今後も、明るくにぎやかなクラスの雰囲気をつくっていってほしいと願っています。

言い換え表現

A 前に飛び出していきます ➡ 先頭に立ちます
B 進んで前に出て ➡ 積極的に声を上げて
C 笑顔にして ➡ 楽しませて
D 強みとなっていく ➡ 持ち味になる／長所になる

エピソード⑦ 朗読発表会

聞き手を意識し、朗読のポイントを明確にすることで、人をひきつける朗読をすることができた。

POINT
声の強弱や会話文の言い方などを工夫し、聞いている人をひきつけるような朗読を工夫することができたのは、意欲の高まりです。表現することに楽しみを感じていることを評価します。

文例① 朗読発表会では、物語の情景や登場人物の心情の動きを考えたうえで、会話文の読み方や、場面ごとの声の強弱などに気をつけて、**聞いている人を物語の世界に引き込む**[A]ような朗読をすることができました。

文例② 朗読発表会では、朗読の工夫を楽しみながら聞き手をひきつけるような朗読をすることができました。**自分の考えや気持ちを表現することができるようになってきています**[B]。

文例③ 聞く人が物語に深く入り込めるような朗読をしようと考え、朗読発表会では読み方に工夫を凝らしました。会話文で人物ごとに口調を変え、物語の山場ではたっぷりと間を取って緊迫感を出すなど、**魅力的な演出**[C]で発表会を大いに盛り上げることができました。

言い換え表現

A 聞いている人を物語の世界に引き込む ➡ 聞き手をひきつける
B 自分の考えや気持ちを表現することができるようになってきています ➡ 言語表現力が高まってきています
C 魅力的な演出 ➡ 豊かな表現力

Type 08 友だちとのかかわりがよくできる子

誰とでも仲よくでき、低学年の子の世話も得意

エピソード❶ 学級会

学級会でクラスのルールなどについて話し合ったとき、積極的に意見を発表したことから話し合いが進み、みんなの意見がまとまった。

POINT
学級会で意見を言うことができる積極性はもちろんのこと、普段の誠実な行動で、友だちから信頼されていることも評価します。

文例① 学級会で、始業の時間や教室のルールについて話し合ったときは、みんなに注意を促す意見を出しました。みんなが素直な気持ちで出来事を振り返ることができたのは、**○○さんへの信頼からだと思います。これからも、誰に対してもやさしく誠実な心を大切にしてください**[A]。

文例② 休み時間の遊び道具の片づけ方がよくないことについての話し合いで、「気がついた人が、他の人の分も片づけよう」と提案しました。日頃、他の人の分まで片づけることを心がけている○○さんの言葉だけに説得力があり、クラスメイトから**拍手がわき起こりました**[B]。

言い換え表現

A **○○さんへの信頼からだと思います。これからも、誰に対してもやさしく誠実な心を大切にしてください** ➡ 誰に対してもやさしく、公平な○○さんへの信頼があるからだと思います

B **拍手がわき起こりました** ➡ 認められ、クラスのめあてとなりました

エピソード❷ 係活動 ～図書係～

図書係の活動で、仕事の時間と読書の時間が平等になるように、係の友だちと話し合い、仕事を効率よく進めた。

POINT
話し合った内容よりも、話し合いで仕事の内容をよりよくしようとした姿勢を評価します。これからも、話し合いで解決していこうとする意欲につなげることがねらいです。

文例① 図書係の活動では、係全員が仕事も読書もできるように、友だちと話し合いながら分担を決めていきました。仕事をよりよくするために、**意見を交わそう**[A]とする姿勢が立派でした。

文例② 図書係のみんなが、活動中にも読書ができたほうがよいと考え、メンバーと話し合っていました。そのおかげで、**平等に係の仕事が行きわたる**[B]ようになり、充実した仕事の時間と落ち着いた読書の時間との両方を過ごすことができるようになりました。

言い換え表現

A **意見を交わそう** ➡ 話し合って決めよう

B **平等に係の仕事が行きわたる** ➡ みんなで仕事ができる

エピソード③ 委員会活動

委員会活動の中で、低学年とのかかわりを大切にした活動に熱心に取り組んだ。

POINT

全校児童とかかわりをもつ委員会の活動の中で、下学年に配慮する行動をとることができたことを評価します。やさしさとコミュニケーション能力の高さを認め、伝えます。

文例① 運動委員会で、校庭の遊具の後片づけを徹底していこうという取り組みに、「一緒に片づけよう」と**意欲的な提案をしました**[A]。休み時間の終わりには、一輪車の片づけがうまくできない1年生に寄り添い、「こうやるといいよ」とやさしく教えていました。1年生が○○さんのまわりに集まってくるのもうなずけます。

文例② 保健給食委員会で、1年生のワゴンを運ぶ活動に**熱心に**[B]取り組むことができました。運ぶだけではなく、「今日のメニューは○○だよ」と教えたり「熱いから気をつけてね」とアドバイスしたり、やさしく話しかけることができ、1年生は○○さんが来るのを楽しみにしていました。

言い換え表現

A **意欲的な提案をしました** ➡ 進んで同調しました

B **熱心に** ➡ 毎日忘れずに

エピソード④ クラブ活動　～音楽クラブ～

新しく音楽クラブを立ち上げ、クラブ長として活躍している。

POINT
音楽クラブを立ち上げるために、たくさんの賛同者を集め、設立に成功したコミュニケーション能力と行動力を評価します。

文例① 音楽クラブを立ち上げるために、前年度から準備して賛同者を集め、実際につくることができました。その行動力とコミュニケーション能力**は素晴らしいです**[A]。

文例② 新しい音楽クラブの活動を軌道にのせるために、みんなの希望をリサーチしたり、演奏できる曲を探したりしました。音楽が好きだという気持ちが**仲間を引っ張る原動力に**[B]なっています。

文例③ 音楽の楽しさをもっと多くの仲間に知ってほしいと考え、音楽クラブを立ち上げました。クラスの枠を越えて多くの友だちに声をかけて賛同してくれる仲間を集め、**高いコミュニケーション能力を発揮して**[C]クラブ設立を実現することができました。

言い換え表現

A ～は素晴らしいです ➡ ～には脱帽です

B 仲間を引っ張る原動力に ➡ 仲間に伝わり大きな力と

C 高いコミュニケーション能力を発揮して ➡ 協働的に取り組むことで

エピソード⑤ 異学年交流

1年生の面倒をよく見ており、最高学年として下級生に適切なかかわり方をすることができた。

POINT
1年生とのかかわりは、6年生を大きく成長させるひとつの要素です。最高学年として適切なかかわり方ができたことを評価することで、他者とのかかわり方を見直すきっかけとなります。

文例① 仲よしパートナーの面倒見がよく、○○さんのまわりには、いつも下級生の笑顔があふれています。時には厳しく叱るなど、やさしいお姉さんとしてだけでなく、最上級生としての**自覚をもって**[A]かかわることができました。

文例② 1年生とのかかわりを通して、友だちへの気遣いができるようになり、同級生へのかかわり方にも**変化が見られました**[B]。そんな○○さんを友だちも信頼しています。

言い換え表現

A 自覚をもって ➡ 責任をもって／意識をもって

B 変化が見られました ➡ 成長が感じられました

エピソード⑥ お別れ会

転校していく友だちのことを気にかけ、心のこもった言葉を送ることができた。

● POINT

転校していく友だちの寂しさや不安な気持ちを察することができ、友だちのためにできることはないかと考え実行したことを評価します。やさしい気持ちがクラス全体をやさしい雰囲気にしたことを伝えます。

文例① 友だちのお別れ会をしようと声をかけ、中心となって準備をしました。寄せ書きを渡すことを考え、クラスメイト一人ひとりに協力を依頼し、用意をしました。「ずっと友だちだよ」と心のこもった言葉とともに寄せ書きを渡したときは、○○さんの**心遣いでクラスが温かい空気に包まれました**[A]。

文例② 転校していく友だちのことを気にかけ、何かできることはないかと考えました。お別れ会では、友だちとの思い出の歌を一緒にうたうことを提案し、「この歌をうたって私たちのことを思い出してください」と伝えました。○○さんの**やさしい言葉**[B]で、クラスのみんなが友だちとの絆を強く感じることができました。

言い換え表現

A 心遣いでクラスが温かい空気に包まれました ➡ 気配りにクラスが温かくなりました

B やさしい言葉 ➡ 温かい心遣い

Type 09 さまざまな場面でよさを発揮する子

テストの成績に表れない頑張りや努力ができる

エピソード❶ 学級活動

明るい性格で、クラスの雰囲気を明るくしていた。

POINT

明朗快活でクラスのムードメーカーであり、また、礼儀正しく人に接することのできるところもあわせて評価します。

文例① クラスの元気がないとき、○○さんのひと言で、みんなの表情がパッと明るくなったことが何度もあります。**大切なときは礼儀正しく**[A]、楽しむときは元気にはじける明るさを、これからも大切にしてほしいと思います。

文例② いつも明るく朗らかで、**クラスのムードメーカーになっています**[B]。来校者と廊下ですれ違うと「こんにちは」と元気にあいさつすることもできる礼儀正しさもクラスのお手本になっています。

言い換え表現

A **大切なときは礼儀正しく** ➡ 慎むべきときには慎み

B **クラスのムードメーカーになっています** ➡ 教室を元気な雰囲気にしてくれます

エピソード❷ 係活動

学級のためにはどんな苦労も惜しまず、毎朝誰よりも早く登校し、水やりや掃除を欠かさず行っていた。

POINT

普段あまり目立たない子ほど、こうした活動を進んでやっています。生き物係になり、植物の苗や種から花を咲かせ、しっかりと世話をしていることを、子どもの日々の様子を観察から評価します。

文例① 学級テラスで育てている植物や野菜を愛情いっぱいに世話して、大きく成長していく様子を見守る姿から、○○さんの生き物に対する愛情を感じます[A]。

文例② テラスがきれいなまま保たれるようにと、朝早くから登校して**黙々と**[B]掃除をするなど、「みんなのために」の意識が定着しています。

文例③ コスモス、アスパラ、ミントなど種や苗から育て、花を咲かせたり、実をならせたりしています。写真を撮って、植物新聞に載せるなど**自分で考えて**[C]係の仕事をしていく姿勢は素晴らしいです。

文例④ 観察台で育てている植物に水をあげるために、ストローをつなげて水やり装置を作るなど試行錯誤しながら楽しそうに活動しています。このような創意工夫する姿勢はいろいろな場面で**生かされると思います**[D]。

言い換え表現

A 愛情を感じます ➡ やさしさが表れています

B 黙々と ➡ 率先して／進んで

C 自分で考えて ➡ 自分で工夫して

D 生かされると思います ➡ 役立つと思います

エピソード③ 委員会活動 〜飼育・栽培委員〜

飼育・栽培委員会の活動を忘れることなく続けることができた。

POINT

生き物や植物の命にかかわる仕事であることを強く自覚し、当番の活動にひたむきな姿勢で取り組んでいることを評価します。

文例① 飼育委員会で、ウサギの世話をしました。当番の日は誰よりも早く飼育小屋へ行き、飼育小屋**の清掃を丁寧に行う**[A]ことができました。ウサギの様子をよく観察していて、元気がないととても心配していました。責任感があり、やさしい○○さんに世話をしてもらっているウサギたちは、とても幸せだと思います。

文例② 栽培委員会では、教材園の手入れをとても**熱心に行いました**[B]。暑い中黙々と草取りをし、取った草をきちんとまとめて片づけ、土が乾いていることに気づくと、当番でなくても水やりをしました。○○さんのおかげで、立派なトマトを収穫することができました。

言い換え表現

A ～の清掃を丁寧に行う ➡ ～を細かいところまできれいにする

B 熱心に行いました ➡ 意欲的に取り組みました

エピソード④ クラブ活動　～バスケットボールクラブ～

6年生になってからバスケットボールを始め、みんなに追いつこうと心に決めて熱心に練習を続けました。

POINT

真剣にボールを追い続ける集中力を評価します。5年生の頃からの変化を通して、プレイに表れた、心の成長を明らかにします。

文例① 絶対にうまくなりたいと願い、ひたむきにボールを追い続けてきたことが**自信となり**[A]、実力として表れてきています。

文例② バスケットボールを始めたのが遅かった分、早くみんなに追いついて同じチームでプレイしたいという**強い思い**[B]が、ボールを追うときの真剣な表情から伝わります。

言い換え表現

A 自信となり ➡ 心の奥に積み重なり

B 強い思い ➡ 願い／心意気

エピソード⑤ 毎日のクイズ出題

毎日の帰りの会でクイズを出し、クラスを楽しませた。本人も嬉しそうに問題を考えており、よい活動となっている。

POINT

その活動に取り組んでいる際の、まわりや本人の嬉しそうな様子を伝えることで、学校での様子がわかり、嬉しい所見となるようにします。

文例① 得意な絵を生かして、帰りの会の度にイラストクイズを出しています。「今日は何が出るの？」と、友だちからも好評です。大事そうに出題用紙を持ち運び描き込んでいる姿から、**活動が充実している**[A]ことがわかります。

文例② 毎日出してくれるイラストクイズは、クラスのみんなから大人気です。休み時間に描いていると、**友だちが集まってきます**[B]。「今寄ってくると、楽しみがなくなっちゃうよ！」と、笑顔で応じる姿から、**前向きに取り組んでいる様子が伝わってきます**[C]。

言い換え表現

A 活動が充実している ➡ よい活動となっている

B 友だちが集まってきます ➡ 友だちから好評を得ています

C 前向きに取り組んでいる様子が伝わってきます ➡ 楽しく意欲的に活動していることがわかります

エピソード⑥ 読書月間

目標を立て、その目標を達成するため、図書室に通って読書量を増やすことができた。

POINT

読書の習慣が身についていることや、目標を立てて、進んで実行することができることを評価します。

文例① 読書月間に入ると、図書室に通って本の世界を楽しんでいました。たくさん読むともらえるスペシャルカードをもらいたいという目標を立てて頑張り、「もう○冊も読みました！」と満面の笑みで報告してくれました。読書の**喜びを知る**[A]ことができています。

文例② 読書月間には「○冊読む」という目標を立てて読書に励みました。この挑戦をきっかけに**本を読む楽しさに目覚め**[B]、目標を達成したあとも、図書室に通っていくつも本を借りて読み続けています。

言い換え表現

A 喜びを知る ➡ 楽しさを感じる

B 本を読む楽しさに目覚め ➡ 読書のおもしろさを知り

Type 10 人望がある子

目立たないが、縁の下の力持ちとしてクラスを支える

エピソード❶ 話し合い活動

話し合い活動では、常に建設的な意見でクラスをまとめることができる。

●POINT
相手の立場に立って考え、相手の気持ちを大切にできることを評価します。具体的にどのような話し合いをしているか、客観的な視点で書くとよいでしょう。

文例① 展覧会のスローガンを決める話し合いでは、司会者となって前に立ち、たくさん挙げられたみんなの意見を一つひとつ**大事にして**[A]、よりよい言葉にまとめようと努力しました。

文例② 学芸会の大道具作りでは、場面に合ったものを作るために、友だちの考えを**尊重しながら**[B]自分の思いを伝え、素晴らしい舞台背景を作り上げることができました。

言い換え表現

A **大事にして** ➡ 尊重して

B **尊重しながら** ➡ 取り入れながら

エピソード❷ 給食

移動教室の班を決めるときに、理由をはっきりさせて決め方を提案することができた。

●POINT
移動教室の班決めは、子どもたちにとってとても重要なことです。すべてに満足がいくようには決められない中で、みんなの賛同が得られるように知恵を絞って編成方法を提案しているところを評価します。

文例① 移動教室の班を決める際に、生活班はクラスで、行動班は学年をオープンにして、それぞれのよいところを生かしていったらどうかという○○さんの提案が通り、**みんなが納得して**[A]決めることができました。

文例② 移動教室の班を決める際に、自分のことだけでなく、学年全員が楽しめるようにするにはどうしたらよいかを常に考えて提案しているところが、○○さんの**信頼される理由です**[B]。

言い換え表現

A みんなが納得して ➡ 全員の賛同を得て

B 信頼される理由です ➡ 人望の厚さになっています

エピソード③ 給食

学級の話し合い活動では、相手を意識して試行錯誤しながら話し合いをまとめることができた。

POINT

相手を意識し、相手の喜ぶことをしてあげようという思いやりややさしさを評価します。また、いかにそれを実現させようとしたかのエピソードも記述するとよいでしょう。

文例① クラスに何か大きな出来事がある際は、「学級会で話し合おう」と一番に提案することができました。みんなで話し合う時間を通して、どうしたらクラスのためによいか**熱心に意見を言う**[A]ことができました。

文例② 転校生のためにできることを、みんなで話し合うことができました。相手の喜ぶ顔をイメージしながら、手紙を書いたりプレゼントを用意したり、全力を尽くす姿に**友だち思いのやさしさ**[B]を感じました。

言い換え表現

A 熱心に意見を言う ➡ 進んで意見を言う／たくさん発言する

B 友だち思いのやさしさ ➡ 友だちを大切にするやさしさ

エピソード④ 学級活動

学級活動に意欲的に参加し、みんなが楽しく過ごせるお楽しみ会を開催することができた。

POINT

企画力、実践力があるので、お楽しみ会では斬新なアイデアを提案し、みんなが楽しめる会を計画することができたことを評価して伝えます。

文例① クラスで学期末のお楽しみ会の計画をしたときには、**真っ先に挙手して**[A]自分のアイデアを提案していました。クラスの仲間の意見を聞きながら企画をまとめ、それを実現していく実行力があります。

文例② 「全員が楽しめるお楽しみ会にしたい」と発言して、本番に向けて友だちと練習を続けました。当日は**積極的に参加し**[B]、みんなも自分自身も楽しく過ごすことができました。

言い換え表現

A 真っ先に挙手して ➡ いち早く手を挙げて

B 積極的に参加し ➡ 自ら意欲的に臨み

エピソード⑤ 感謝の会

学年代表として、地域に対する誇りをもちながら、地域の方々に感謝の言葉を述べることができた。

POINT

学年代表として地域の方々に感謝の言葉を述べ、自分も地域の一員だということを改めて自覚できたことを評価します。

文例① 地域の文学館で行った「感謝の会」では、集まってくれたたくさんのお客さまの前で、日頃お世話になっていることへの感謝の気持ちを、これまでのさまざまな場面を振り返りながら自分の言葉で**しっかりと伝えることができました**[A]。

文例② 地域の文学館で行った「感謝の会」では、ご招待したお客さま一人ひとりの顔を見ながら谷川俊太郎さんの詩「生きる」に、感謝の気持ちを込めて朗読することができました。地域のみなさんに支えていただいていることを改めて**自覚したことが伝わってきました**[B]。

言い換え表現

A しっかりと伝えることができました ➡ しっかりと表現することができました

B 自覚したことが伝わってきました ➡ 認識することができたようです

Type 11 特別な支援で力を発揮できる子

サポートがあれば、前向きに取り組むことができる

エピソード① 学級活動

スピーチや発表のとき、少しずつ大きな声で話せるようになってきた。

POINT
人前で話すとき、落ち着いて話せる方法を家で話し合ったり自分で考えたりするなど、着実に努力が成果につながっていることを評価します。

文例① 発表するときの表情が柔らかく、大きな声で話すことができるようになってきました。落ち着いた態度で臨み、**本人やご家族で努力を積み重ねてきた成果が着実に表れています**[A]。

文例② 日直のスピーチでは、原稿を書いてきたり自分が話しやすい言葉を考えたりすることで、少しずつ自信をもって話すことができるようになってきたことが声の大きさから伝わってきます。本人の努力やご家庭の励ましが、自信と**成長につながっています**[B]。

言い換え表現

A **本人やご家族で努力を積み重ねてきた成果が着実に表れています** ➡ 少しずつ重ねてきた努力が成果として表れ、自信につながっています

B **成長につながっています** ➡ 成果に表れています

エピソード② 学級活動

お楽しみ会で、出し物としてクイズを選び、クラスメイトを楽しませることができた。

POINT
お楽しみ会では、積極的に自分も参加しようとする意欲を見せ、実際に出し物をして、友だちを楽しませることができたことを評価します。

文例① 学期末のお楽しみ会では、話し合いの段階からしっかりと参加し、出し物としてクイズをしたいと提案しました。当日は、たくさんのクイズで学級を盛り上げ、**友だちを楽しませることができました**[A]。

文例② お楽しみ会に興味を示すようになり、今回は、自分からクイズをしたいと提案して、当日はたくさんのクイズを用意し、**みんなを楽しませることができました**[B]。

言い換え表現

A 友だちを楽しませることができました ➡ 文字通りお楽しみ会となりました

B みんなを楽しませることができました ➡ 主催者としてクラス全員の笑顔を引き出しました

エピソード❸ 係活動

他の子から頼まれた係の仕事を嫌がらずに引き受け、黙々とやり遂げた。

● POINT

頼まれたことを嫌がらずに引き受けたことだけでなく、素直に仕事のやり方を受け入れるその姿勢を評価します。

文例① 生き物係では、同じ係の**友だちに頼まれた仕事を黙々と行い**[A]、メダカにとって住みやすい環境づくりに取り組むことができました。頼まれた仕事でも嫌がらず、やりがいをもって主体的に取り組む姿勢が身についています。

文例② 友だちに仕事の仕方を教えてもらい、アドバイス通りに生き物係の仕事を行うことができました。○○くんが世話をしたメダカの水槽は**いつもピカピカです**[B]。

文例③ 生き物係では、同じ係の友だちに仕事の仕方を教えてもらいながら、メダカの世話を行いました。自分の役割を理解し、**頼まれた仕事に責任をもって取り組む**[C]ことができました。

言い換え表現

A 友だちに頼まれた仕事を黙々と行い ➡ 友だちからアドバイスを受けたらすぐに行動に移し

B いつもピカピカです ➡ 常にきれいです

C 頼まれた仕事に責任をもって取り組む ➡ しっかりと責務を果たす

エピソード④ 係活動

生活全般において消極的だったが、係の仕事に対して一生懸命取り組むことができた。

POINT

決まった活動や仕事を間違いなく、責任をもって確実にやり通すことができることを評価します。

文例① 忘れ物チェック係として、毎朝31人分の宿題を**チェックしていました**[A]。朝の短い時間の中で、朝の会までに間に合うように急いで調べていました。責任感の強さが伝わってきます。

文例② 宿題を出し忘れている友だちには丁寧に声かけしているので、忘れる人がほとんどいなくなりました。毎日の仕事に対し、**責任をもって**[B]取り組むことができています。

言い換え表現

A チェックしていました ➡ 丁寧に調べていました

B 責任をもって ➡ やりがいを感じながら

エピソード⑤ 係活動

係決めの話し合いのとき、自分のなりたい係になれなくても、気持ちを上手に切り替えて、自分のやるべきことを見つけることができた。

POINT

自分の思い通りにならなくても、自分の気持ちをコントロールして、みんなのために自分の役割を果たそうとした姿勢を評価します。

文例① 係決めでは希望する係になれませんでしたが、気持ちを上手に切り替えて、自分にできることをやろうと心に決めました。みんなのために**役割意識をもって**[A]、仕事をしようとする心情が育ってきました。

文例② 係活動を決める話し合いで、係活動は学級生活をよりよくするために分担するものだと理解し、自分がやりたい係ではなく自分が**役に立つような**[B]係を受け持ちました。クラスのみんなのことを考えて自分の役割を見つけられたことに、○○さんの心の成長が認められます。

言い換え表現

A 役割意識をもって ➡ 自分ができることを考えて

B 役に立つような ➡ みんなのためになるような

エピソード⑥ 委員会活動　～栽培委員～

栽培委員として、花壇の苗植えを行った。

POINT

自分が栽培委員であることを認識し、花の苗を植える活動に参加したことを評価して伝えていきます。

文例① 「僕は、花を育てるのが得意なんだ」と言う通り、丁寧に移植ごてを使って花壇に花の苗を植え、**大変満足そうでした**[A]。これからも水やりを続けて大切に育てるように声をかけていきます。

文例② 花の苗植えは暑い中での作業ですが、やることがわかってくると興味をもち、進んで取り組みました。最後はしっかりと水をまき、**責任を果たしました**[B]。

文例③ 栽培委員になり、花壇の苗植えを行いました。委員会の活動に積極性を見せ、苗植えには**進んで参加し**[C]、その日から花壇の世話を献身的に行っています。

言い換え表現

A 大変満足そうでした ➡ きれいに咲きそろいました

B 責任を果たしました ➡ 自分の仕事を最後までやり遂げました

C 進んで参加し ➡ 前向きな姿勢で取り組み

エピソード⑦ クラブ活動

学習には抵抗があり、登校しぶりや離席があるが、クラブ活動の時間は、材料の準備をして楽しんで参加することができた。

POINT

クラブ活動の時間は、興味や関心が高く、楽しみにしていて、材料もきちんとそろえ、作品づくりや実験を楽しんでいる様子を伝えます。

文例① 「先生、いい音が鳴るよ」と言って、紙で作った草笛を楽しそうに吹いて見せてくれました。毎週科学クラブの活動をとても楽しみにしていて、作った作品は必ず見せてくれます。手先が器用な○○さんらしい**素晴らしい出来栄えです**[A]。

文例② 毎週科学クラブの活動をとても楽しみにしています。針金ハンガーを使ったシャボン玉の実験では、誰よりも大きなシャボン玉を作り大喜びでした。集中して取り組むことができたという経験は、**他の学習でも必ず生きてきます**[B]。

言い換え表現

A 素晴らしい出来栄えです ➡ 見事な完成具合です

B 他の学習でも必ず生きてきます ➡ 大きな自信につながります

エピソード8 学級遊び

気持ちのコントロールが苦手だったが、ゲームで負けても笑顔で、次のゲームに取り組むことができた。

● POINT

自分の力で前向きに取り組もうとしている姿を示して、できるようになったことを評価します。

文例① 学級遊びの時間には、ゲームで負けてしまっても笑顔です。すぐに気を取り直して次のゲームに取りかかることができます。**気持ちを切り替える**[A]ことで楽しい時間を自分でつくれるようになり、成長を感じます。

文例② 学級遊びのゲームで負けてしまったときでも、「次は頑張るぞ」と、笑顔で**みんなの輪の中に入っていきます**[B]。前向きに取り組む姿を見て、まわりの友だちも嬉しそうです。

言い換え表現

A 気持ちを切り替える ➡ 前向きに取り組む／嫌なことを気にしない

B みんなの輪の中に入っていきます ➡ みんなと取り組んでいます

Type 12 所見を書きにくい子

目立たないけど、課題はしっかりやってくる

エピソード❶ 学級会

学級会では、頼まれた書記の仕事をやり、的確な記録をとっていた。

POINT

自分の行動が学級の友だちのためになったことを評価し、これからの生活場面でも、少しずつ自分から学級のことにかかわっていこうとする意欲をもてる所見となるようにします。

文例① 学級会で、司会の友だちから書記の仕事を**頼まれました**[A]。みんなから出された意見を丁寧に記録することができ、1週間後の学級会で、記録が大きく役に立ちました。人のためになる喜びをこれからも感じていけるよう**指導していきます**[B]。

文例② 学級会では、書記の仕事に取り組みました。人から頼まれたことを**確実に行う**[C]ことで議事を円滑に進めることができ、自分の仕事が人の役に立つという喜びを感じることができました。やるべきことにしっかりと取り組むよさを、これからも実践してくれることを期待しています。

言い換え表現

A 頼まれました ➡ 任されました

B 指導していきます ➡ 学級にかかわっていってほしいです

C 確実に行う ➡ 責任をもって果たす

エピソード❷ 係活動

係活動や当番活動では、すぐに飽きてしまって最後まで仕事をすることができなかったが、だんだんとできるようになった。

POINT

自分の得意分野、興味分野の当番活動であったら、意欲的に取り組めることを指摘します。時間の経過とともに、できるようになってきた成長過程を評価します。

文例① カメ係として、休み時間にカメを散歩をさせたり水槽の水替えをしたりと意欲的に取り組むことができました。今後は、どんな係活動でも友だちと協力して**責任をもって最後まで仕事をする**[A]ように指導をしていきます。

文例② 保健係では、「絶対に忘れないで仕事をやる」と心に決めて、毎日保健版を校長室に持っていき、出席状況などをしっかり伝えることができました。**責任をもって仕事をしようという気持ちが育っています**[B]。

文例③ 給食当番活動では、自分のやりたい仕事を希望していましたが、どんな仕事も学級の中の大切な仕事だと理解できるようになり、**だんだんと友だちに譲るやさしい気持ちが育ってきました**[C]。

言い換え表現

A **責任をもって最後まで仕事をする** ➡ 仕事を通して責任感を高められる

B **責任をもって仕事をしようという気持ちが育っています** ➡ 与えられた仕事に真摯に取り組む責任感が芽生えています

C **だんだんと友だちに譲るやさしい気持ちが育ってきました** ➡ 徐々に思いやりの気持ちが育ってきました／相手の気持ちを考える姿勢が素晴らしいです

エピソード③ 係活動

学習全般を通して教師の話をよく聞き、課題に沿って最後まで諦めずに取り組むことができた。

POINT

自分が決めた目標に向かって、最後まで根気強く努力することができる学習態度を伝えます。クラス全体の中では、目立ちにくい本人の努力を評価します。

文例① 学習中はひかえめで発表することは少ないですが、日常の係活動においては、時間割表を貼り替えることを忘れることなくしっかりと役割を果たすことができます。その姿勢は、**学級の模範となっています**[A]。

文例② ○○さんが「手紙係」となってからは、配布物を教室に持ってくることを一度も忘れたことがありません。どんなときでも、しっかりと仕事ができることは**素晴らしいことです**[B]。

特別活動

Type 12

所見を書きにくい子

言い換え表現

A 学級の模範となっています ➡ 級友のお手本となっています

B 素晴らしいことです ➡ 級友も認める素晴らしさです

エピソード④ 係活動 〜誕生日係〜

誕生日係として、企画、呼びかけ、会の進行などを進んで行った。

POINT

普段はひかえめな生活態度ですが、係活動になるとその責任を果たすべくしっかりと仕事をしている様子を評価します。

文例① 誕生日係として、毎月の誕生会の企画、呼びかけ、会の進行などを進んで行っています。「1回1回が最高の誕生会になるように」を心がけ、友だちと協力しながら計画的に準備を進める姿から、**高学年としての誇りを感じます**[A]。

文例② 毎月の誕生会は○○さんの企画力・実践力が光っています。人のために尽くすことができるということは素晴らしいことです。プレゼントする一枚一枚の手づくりの「誕生日おめでとう」カードからも**友だちを大切にする気持ちが伝わってきます**[B]。

言い換え表現

A 高学年としての誇りを感じます ➡ 人を思いやるやさしい気持ちが伝わってきます

B 友だちを大切にする気持ちが伝わってきます ➡ クラスの一員である自覚が感じられます

エピソード⑤ クラブ活動 委員会活動

学習面では、自己表現が少ないが、委員会活動やクラブ活動は意欲的に取り組む。

POINT

委員会やクラブなど、自分の好きな分野・得意な分野の活動で意欲的な姿勢を評価します。その分野でしか見せない目を輝かせて活動する様子を、保護者にわかりやすく伝えます。

文例① 小さい頃から続けているバドミントンの特技を生かし、クラブ活動には一生懸命取り組んでいます。ラケットを握っているときの○○さんは別人のように輝き、**自信に満ちあふれている**[A]のを感じます。

文例② ラジオのパーソナリティーに憧れて、放送委員会に入った○○くん。放送担当の日には、今までにないような企画を考え、**給食の時間に花を添えています**[B]。

言い換え表現

A **自信に満ちあふれている** ➡ 楽しそうに活動している

B **～に花を添えています** ➡ ～をつくり出しています

エピソード⑥ クラブ活動　委員会活動

クラブ活動や委員会活動では普段の活動には見られない意欲を見せている。

● POINT

クラブ活動や委員会活動のときには、忘れ物をしたり努力を怠ったりすることがなく、やる気を見せているその意欲を評価します。そして、他の場面にもつなげていきたいことを伝えます。

文例① クラブ活動で作った、紙コップを使って飛ばす作品を嬉しそうに、廊下で何回も飛ばしていました。その後のクラブ活動でも準備をしっかりして取り組んでいます。これを機に、**学習面でのやる気につなげていきたいと思います**[A]。

文例② 代表委員に選出され、子ども祭りのマップ作りを担当しました。どんなマップにしたら見やすいかを考えながら、自分で工夫してしっかりやり遂げることができました。仕事の重要性を自覚し、期日までに仕上げることができたのは、**大きな進歩です**[B]。

言い換え表現

A **学習面でのやる気につなげていきたいと思います** ➡ 学習に対しても準備の必要性を話していくよう努めます

B **大きな進歩です** ➡ これからの学習でも生かせると思います

子どものタイプ別 INDEX

あとがき

学校では、通知表を書く時期になると、次のような言葉が聞かれます。

「所見を書いていて、その子どものよさを再認識した」

「その子らしさを伝えやすい子と伝えにくい子がいる。やはり見取りがうまくできなかった子は書きにくい」

「いくらほめようと思っても、最後に『素晴らしかった』をつけただけでは、ほめたことにならない。ほめ言葉だけではない、説得力のある内容が必要である」

説得力のある所見を書こうと目指していても、それはいつも難しく、悩みの連続でもあります。

そのような悩みと苦闘の中、私たち自身が所見の書き方を学びながら、いくつかのことをつかんできました。

まず、何よりも「子どもの光り輝く部分に焦点を合わせる」ことが大切であること。そして、そのためにはそれを見取る力が必要であることです。

子どものよさは行事の中や授業中、友だちとのかかわり方などを通して見えるものです。そのよさが見つけられず、光らない部分を光らせようとすると無理が生じ、とても難しいものになってしまいます。

どの子どもの中にも必ずある、その光り輝く部分をぜひ見つけてほしいと思います。また、それを見つけることが私たち教員のいちばんの使命です。

そして、次に行うことは、その子のよさを具体例を挙げながら価値づけしていくことです。具体例がないと、抽象的で一般的な文章になり、その子ならではのよさが生き生きと伝わりません。

「本当に使えるものをつくりたい」という願いから、この本の制作を始めました。そして、子どもたちの一人ひとりの顔を思い浮かべながら、「この学級での様子を知らせることができれば」と話し合い、執筆を始めました。

この書き方を身につけることは、とりもなおさず、学級経営力を上げることです。この書き方を学びながら、教員としての力を高めていってほしいと思います。

この本がみなさんの学級経営の一助となることを心から願っています。

2021年5月　執筆陣を代表して

世田谷区教育委員会教育長　渡部 理枝

● 執筆者（五十音順）

岡島謙太
神戸純子
小島裕子
髙橋壯昌
瀧藤 潤
長嶺香代子
橋本ひろみ
三富哲雄
物井優羽子
山崎仁美
山田由美子
依田哲治
（東京都公立小学校勤務）

● 編著者

渡部 理枝（わたべ・りえ）

世田谷区立芦花小学校長、尾山台小学校長を経て、世田谷区教育委員会教育長。
専門は教育相談、キャリア教育。
子どもたちが、自分のよさや可能性を信じ、多くの人たちと協働しながら学び、自らの思い描く未来を実現するための教育を推進している。

デザイン・DTP　三浦 悟・本田理恵（trap）
イラスト　クー
取材・構成協力　梨子木志津・藤沢三毅（カラビナ）
編集協力　カラビナ
編集担当　原 智宏（ナツメ出版企画株式会社）

1人1人の個性を生かした
通知表の書き方＆文例集 小学校高学年 第2版

2013年3月22日　初版発行
2021年6月 4日　第2版第1刷発行

編著者　渡部理枝

発行者　田村正隆
発行所　株式会社ナツメ社
東京都千代田区神田神保町 1-52 ナツメ社ビル 1F（〒101-0051）
電話 03-3291-1257（代表）　FAX 03-3291-5761
振替 00130-1-58661
制　作　ナツメ出版企画株式会社
東京都千代田区神田神保町 1-52 ナツメ社ビル 3F（〒101-0051）
電話 03-3295-3921（代表）
印刷所　ラン印刷社

ISBN978-4-8163-7020-5
Printed in Japan
〈定価はカバーに表示してあります〉
〈乱丁・落丁本はお取り替えします〉